T0273655

UN DÍA A LA VEZ

Nuestras historias de esperanza
y recuperación publicadas
en la revista La Viña

UN DÍA
A LA VEZ

Nuestras historias de esperanza
y recuperación publicadas
en la revista La Viña

AAGRAPEVINE,Inc.

New York, New York
WWW.AAGRAPEVINE.ORG

PREÁMBULO

Alcohólicos Anónimos es una comunidad de hombres y mujeres que comparten su mutua experiencia, fortaleza y esperanza para resolver su problema común y ayudar a otros a recuperarse del alcoholismo.

El único requisito para ser miembro de AA es el deseo de dejar la bebida. Para ser miembro de AA no se pagan honorarios ni cuotas; nos mantenemos con nuestras propias contribuciones. AA no está afiliada a ninguna secta, religión, partido político, organización o institución alguna, no desea intervenir en controversias, no respalda ni se opone a ninguna causa.

Nuestro objetivo primordial es mantenernos sobrios y ayudar a otros alcohólicos a alcanzar el estado de sobriedad.

©AA Grapevine, Inc.

TABLA DE CONTENIDO

GRUPO BASE

DESPERTAR ESPIRITUAL

CAPÍTULO TRES

AA EN LA CÁRCEL

CAPÍTULO CUATRO

LA MUJER EN AA

CAPÍTULO CINCO

LOS PASOS

CAPÍTULO SEIS
LOS VETERANOS

PRÓLOGO

En julio de este año la revista La Viña celebra su vigésimo aniversario. Cada una de las cuarenta y seis historias reunidas en este libro, previamente publicadas en la revista durante los años 2007 al 2015, son el testimonio de la creciente y vibrante comunidad hispana que se recupera en AA, a la vez que un reflejo de la evolución de nuestra revista.

La antología está dividida en seis capítulos, que cubren los temas más frecuentes y relevantes para los alcohólicos que siguen el programa de AA. En "Nuestra casa, el grupo", cada historia es una reflexión acerca de la gran importancia del grupo base. En el capítulo "El despertar espiritual revela sorpresas que nos hacen cambiar" los alcohólicos comparten sobre la necesidad del despertar espiritual para obtener la sobriedad emocional. En las historias reunidas bajo el título "La voz de la experiencia", los miembros de más tiempo en AA cuentan cómo abrieron el camino para todos los que luego entramos por las puertas de AA. Tampoco podía faltar aquí un capítulo dedicado a la enorme importancia de los Doce Pasos, necesarios para lograr la sobriedad y continuar creciendo ("La sobriedad peldaño a peldaño"). Y para ilustrar cómo el abuso del alcohol nos hace cometer errores, que para muchos resultan en el encarcelamiento, incluimos un capítulo con historias de recuperación dentro de las prisiones ("Libre detrás de las rejas"). También nos complace mucho incluir en esta antología un capítulo con historias escritas por mujeres de habla hispana en AA, quienes tienen una representación cada vez más amplia, y necesaria, en nuestra comunidad ("Para ellas, la recuperación también es una prioridad").

Esperamos que este libro sea otra valiosa herramienta, al alcance de todos, para ayudarnos a permanecer sobrios, un día a la vez, y también una forma efectiva de pasarle el mensaje de recuperación a aquellos alcohólicos que todavía no han encontrado nuestro programa.

CAPÍTULO UNO

GRUPO BASE
NUESTRA CASA, EL GRUPO

Nuestros grupos base, se convierten en un segundo hogar, donde compartimos en nuestro idioma y practicamos los principios de AA. En estos locales, que cuidamos con cariño, los alcohólicos trabajan juntos por su sobriedad y reciben al nuevo con una sonrisa. Es en el grupo base donde muchos de nosotros descubrimos la satisfacción de servir a otros, ya sea preparando un delicioso café, o sirviendo como representante del grupo. No es de extrañar entonces que muchas veces la familia se sienta atraída por este ambiente de alegría sana y desee compartir con nosotros en nuestros eventos.

En las hermosas historias publicadas a continuación, descubrimos que, sin importar el lugar, los grupos de alcohólicos en recuperación ("Lugar pequeño, corazón grande") luchan con tesón para que el grupo sobreviva, se solidifique y siga creciendo. En el mismo capítulo, en la historia "Compartiendo risas", una alcohólica cuenta que el secreto de su sobriedad emocional depende de su continua asistencia al grupo.

Local pequeño, corazón grande
EMPEZARON HACE SIETE AÑOS
EN UN APARTAMENTO

En Akron, Ohio, durante el aniversario de nuestra comunidad, escuché a uno de los oradores decir: "Pertenezco a tal grupo, es el mejor grupo de AA y aquel compañero que no piense lo mismo de su grupo, tiene que trabajar más por él". Desde entonces he decidido involucrarme más en mi grupo base para hacerlo el mejor, y en lo más profundo de mi corazón, así lo siento.

Llegué a mi grupo base cuando estaban comenzando las celebraciones de nuestro primer aniversario, había mucha gente riendo y hablando, me pareció un pequeño manicomio, hoy comprendo que mi mente estaba en otro lado.

Regresé cuatro años después, peor que la primera vez, más deteriorado físicamente, temeroso y con necesidad de quedarme. Yo sabía que ese era mi lugar, este era mi grupo, allí estaba la única oportunidad de encontrar lo que busqué por más de treinta y cinco años: veinticuatro horas de sobriedad. Yo ya había estado ahí, había visto mucha gente llegar y lograrlo.

Al volver vi muchas miradas de reproche, de crítica y lo único que pude hacer fue agachar la cabeza y permanecer en la reunión. Pero al finalizar la junta muchos compañeros se me acercaron a darme la mano, otros me abrazaron.

Quedé confundido, pero seguí asistiendo y poco a poco me fui dando cuenta que nunca hubo crítica o reproche en mis compañeros, ellos eran mis hermanos del mismo sufrimiento.

No fue fácil, tuvieron que pasar muchos meses para comprender esto y mucho más tiempo para aceptar a todos mis compañeros, tuve que aceptarme a mí mismo primero y es ahí donde encontré muchos obstáculos, pero gracias a las sugerencias y a los historiales que escuché, se estableció un puente de identificación y esto me abrió la puerta para empezar a enfrentar los miedos.

Mi grupo se encuentra ubicado en un pueblito llamado New Rochelle. La reseña de nuestro grupo dice que siete compañeros se reunieron en el apartamento de uno de ellos y decidieron abrir un grupo. Emprendieron la búsqueda de un espacio más adecuado, pero en el proceso descubrieron que muchas personas al enterarse del uso que se le daría al local se negaban a alquilarlo. Eso no los detuvo y el Poder Superior se manifestó: seis años después seguimos reuniéndonos en el mismo local que esos siete compañeros finalmente encontraron.

Allí esperamos la llegada de esa persona que, al igual que muchos de nosotros, encuentra una noche la solución a su problema con la bebida. La presencia de ese nuevo es la vida de nuestro grupo, él nos recordará quiénes somos y por qué nos reunimos cada día.

Nuestra primera junta se llevó a cabo el veintidós de mayo del 2005, y con el apoyo de muchos grupos del área empezamos a pasar el mensaje. Actualmente contamos con dieciseís miembros activos, cinco de ellos son mujeres.

Nuestro local es pequeño, pero el corazón es inmensamente grande y las vivencias lo hacen más que especial, hemos llorado y reído juntos, hemos recibido buenas y malas noticias y hemos encontrado aquí la verdadera amistad.

Estamos trabajando en la celebración de nuestro séptimo aniversario y al igual que cada año, con buena voluntad, tratando de hacerlo cada año mejor y de llevar el mensaje al alcohólico que aún sufre allá afuera.

Sé que mi grupo ha dado una segunda oportunidad de vivir una vida útil y feliz, a muchos de nosotros. Hoy podemos decir con orgullo "pertenezco al mejor grupo de AA".

LUIS A.
New Rochelle, New York

Arroz, pollo y ensalada
AL CRUZAR EL PUENTE VERRAZANO
ENCUENTRA UNA SABROSA SORPRESA

Muchas veces las respuestas a mis problemas de intolerancia, aceptación y ego llegan mientras estoy sentado en una reunión de AA.

Durante los primeros años de mi sobriedad, asistí a las reuniones de Alcohólicos Anónimos en inglés. Cuando llegué al programa de AA en español, me llamó la atención la costumbre de los grupos hispanos de servir comida en los eventos. En ese momento me pareció que al enfocarse en la comida, se descuidaba nuestro objetivo primordial, ayudar al alcohólico que aún sufre, dentro y fuera de los cuartos.

Recientemente mi Poder Superior me dio un par de oportunidades para participar con humildad y aceptar su voluntad. Asistí a una reunión de trabajo de mi distrito donde me senté, sin ganas, a escuchar la discusión, que duró casi una hora, sobre el menú que se serviría en el próximo taller de servicio del distrito.

"Arroz, pollo, y ensalada", me repetía a mí mismo, lo de siempre. Recordé que la raíz de mi enojo venía de un fuerte problema emocional que me agobiaba en esos días. Al darme cuenta de esto, dejé de escuchar a mis compañeros y me invadió un gran sentimiento de gratitud porque, a pesar a mis problemas personales, ese día yo no estaba bebiendo y no estaba solo.

La segunda ocasión se me presentó en el aniversario de un compañero en Staten Island, llegué tarde, cansado y resentido porque nadie de mi grupo se ofreció a venir conmigo. Después de manejar por lo que sentí fue un largo tiempo en el tráfico de Nueva York, entré al grupo justo en el momento en el que un compañero pasaba con la bandeja de comida, ofreciéndome uno de los primeros platos.

De pronto sentí una gran alegría y, con una sonrisa, me senté junto a otros compañeros a disfrutar de la reunión y del delicioso arroz con pollo. Creo que en ese momento pude entender el mensaje que se encierra en el servicio de servir un plato de comida.

Pensé en todos esos compañeros que corren a las reuniones luego de una larga jornada de trabajo, sin tiempo de comer. Pude ese día pensar en otros, antes que en mí mismo.

EDDIE D.
Brooklyn, New York

Un refugio en la oscuridad
NACE UN GRUPO DENTRO DE LA CÁRCEL

Me encuentro en la prisión federal de Pecos, Texas. Para que se den una idea del lugar, les cuento que en un espacio tan pequeño como mi grupo base, hay veintiuna literas, cuatro tazas de baño, tres lavamanos y cuatro regaderas en la parte de atrás, y en el frente dos mesitas metálicas cuadradas con sus cuatro banquitos cada una.

Los primeros días de mi llegada a este lugar fueron los más difíciles ya que por primera vez en mi vida me encontré incomunicado en una celda oscura. Lo único que me ayudó a salir un poco de la locura que viví, fueron unos libros de la literatura de AA que pude traer conmigo.

Me levantaba a las seis de la mañana a cumplir con mi servicio que consistía en barrer y trapear el dormitorio. Eso me recordó el proceso de rehabilitación que viví para tratar mi alcoholismo y drogadicción.

Extrañaba a mi grupo y todo lo que las juntas y el servicio implicaban. Tenía una gran necesidad de asistir a las juntas de AA. Hablé con la encargada de los programas para iniciar unas reuniones de AA y con la ayuda de un miembro del staff pudimos reservar un salón para sesionar dos horas todos los viernes. Así encontré la fortaleza que AA me da asistiendo a las juntas para compartir acerca de lo que siento y pienso.

Le pedí a mis compañeros de mi grupo base el enunciado y unas hojas con el quinto capítulo del Libro Azul. Con esto y con el apoyo de mi Poder Superior, el grupo "Un día a la vez" comenzó sus juntas el viernes 22 de julio del 2011.

Nuestra primera junta la hicimos con cinco miembros quienes se mostraron muy interesados, y aunque tengo muy presente que no importa cuántos miembros asistan a la reunión, calculé que para la siguiente reunión asistirían el doble de miembros y comenzaríamos a escribir acerca de la primera borrachera, la peor y la última, como un ejercicio del Primer Paso para después trabajar los demás. Así que me puse a estudiar y a echarle ganas.

Para mi sorpresa en la siguiente reunión ninguno de los que había asistido se presentó, pero yo seguí adelante recordando las palabras de mi padrino: "Sólo por hoy esto es para mí" y aunque dentro de la cárcel mi fortaleza se debilitaba, recordé que lo único que me libraría de mí mismo era cultivar el amor al servicio.

Pedí unos volantes para pegarlos en las celdas, invitando a una reunión de información al público y continué dispuesto a seguir los planes que mi Poder Superior tenga para mí.

El grupo "Sólo por hoy" es un refugio donde los alcohólicos de este lugar se pueden reunir a compartir su experiencia, fortaleza y esperanza, el objetivo se ha cumplido.

El grupo no es muy grande, pero hay algunos compañeros muy activos. Es bueno recordar que el servicio no depende sólo de ellos o de mí, sino de nuestro Poder Superior. Quizás en este momento seamos un puñado dentro de la población de este lugar, pero espero que sigamos creciendo.

JOSÉ S.
Pecos, Texas

Compartiendo risas
EN EL GRUPO ENCUENTRA ALGO MÁS QUE GENTE

Mis primeros días en AA fueron muy difíciles, primero porque no sabía si realmente era alcohólica, la verdad no estaba segura de nada, no estaba a gusto con nada ni con nadie, ni siquiera podía estar en casa, no me sentía bien. Había pasado muchos meses consumiendo drogas muy fuertes, el alcohol había quedado en segundo lugar. Pero me di cuenta que con el alcohol podía combatir los malestares que sentía por el efecto de las otras drogas.

Recuerdo que levanté el teléfono y llamé a una amiga que estaba en AA. Ella me dijo que ese día no había una reunión, que no bebiera. Yo pensé "tengo otro día más" y me dirigí al garaje donde iba a continuar con mi fiesta, pero el teléfono sonó y fue esa llamada la que salvó mi vida, de ahí me llevaron a una reunión en español.

En ese lugar había una junta por semana, eso no era suficiente, yo necesitaba estar ocupada todo el día si quería mantenerme sobria o, al menos, alejada de las tentaciones. Estaba desesperada, la ansiedad y la ira invadían mi cuerpo, los compañeros me dijeron que en el grupo que estaba arriba, que era en inglés, tenían juntas todo el día.

Como yo me manejaba muy bien en inglés decidí asistir, y así los siguientes tres meses participé en esas reuniones. Tenía miedo de salir de ahí porque sabía que si me iba todo cambiaría. Escuché con atención las historias de los compañeros que tenían tiempo sin beber, recuerdo de manera especial a uno de los compañeros en mi grupo en español. Él me cuidó, era una persona con muchos años en AA, se sentó y me dijo una palabra que me animó a seguir adelante.

AA ha sido el viaje más importante que he tenido en mi vida. Siempre quise conocer mucha gente, de todas nacionalidades y aquí en Alcohólicos Anónimos he conocido gente que ha subido al tren de mi sobriedad. Algunos de ellos han cambiado mi forma de pensar, me han hecho reír y también llorar, compartiendo nuestras historias.

En algunos casos los caminos nos han separado, pero gracias a todas las personas que me han permitido ser parte de su historia, yo me he mantenido sin beber, sin drogas y con más amor en mi corazón. Ya casi no queda nada de la persona que llegó un día confundida, sin ganas de vivir y con mucho miedo, ira y ansiedad.

Si el día de hoy siento ansiedad, busco a mi grupo, a mi padrino o mis ahijadas. Con ellos me siento en casa, los regalos en este viaje han sido muchos, mis compañeros de grupo que han depositado su confianza en mí, a pesar de saber mi historia; que ellos confíen en mí, ha sido lo más grande que AA me ha regalado. También he sentido dolor al verlos irse, y respeto cuando han regresado.

GABY A.
San José, California

Elija compañero
UNA REFLEXIÓN SOBRE LOS GRUPOS DE ESTUDIO

Los grupos de AA, formados por alcohólicos en recuperación, tienen diferentes formas, tamaños y comportamientos (autonomía). La conciencia de cada grupo en su reunión de negocios decide cómo llevar sus asuntos, horarios de reuniones, formato de las mismas, el recibimiento a los recién llegados, la distribución de la Séptima Tradición, etc.

Personalmente he observado por mucho tiempo este fenómeno en los grupos de habla hispana de AA. Mientras hay grupos en los que la mayoría de sus miembros le dan mucho énfasis a la lectura de "Los principios de AA", llámese Tradiciones, Pasos, Libro Grande, etc., existen otros grupos en los que muchos de sus miembros no quieren saber nada de la literatura de AA.

Hay grupos en los que se abre la reunión (en la mayoría de los casos, grupos que tienen reuniones diariamente) con la simple lectura del enunciado de AA y, en el caso que haya una persona que esté allí por primera vez, se le da una lectura a una parte de la Tercera Tradición para después darle la tribuna a los participantes.

Por otro lado, hay grupos que abren sus reuniones con el preámbulo y, además, leen los encabezados de los Doce Pasos y de las Doce Tradiciones. En otros grupos, además de lo anterior, se lee una parte del Quinto Capítulo del libro de Alcohólicos Anónimos. Incluso hay grupos que tienen regularmente sesiones de estudio de la literatura de AA, cuando menos, un día a la semana.

Una gran cantidad de grupos escribe diariamente un tema (la mayoría de éstos tomados de la literatura oficial de AA) en la pizarra para que los participantes, si lo desean, puedan mencionarlos durante su intervención en la tribuna. Y aún hay otros grupos que cierran las reuniones con alguna lectura (la página de la fecha de las reflexiones diarias).

Las costumbres o autonomías arriba mencionadas (con algunas variantes, dependiendo de cada ciudad, estado o país) que tienen estos grupos con relación a la literatura de AA, tienen la finalidad de motivar entre sus miembros la lectura, el análisis y la práctica de estos vitales principios de AA. Porque la mayoría de nosotros, alcohólicos en recuperación, entendemos que nuestros problemas con la bebida y el desconocimiento de la solución para los mismos pueden representar la diferencia entre la vida y la muerte (sea ésta espiritual o física).

El mismo peligro se cierne sobre un grupo en el que sus miembros no saben el propósito para el que fue creado. Así de importante es para los miembros y grupos la literatura de Alcohólicos Anónimos, porque es un manual para la supervivencia de nuestra comunidad, ya que su aplicación en todos nuestros asuntos se traduce en una sana convivencia.

En mi grupo base, tuvimos por años sesiones de estudio con duración de una hora, ¡un día a la semana! Todo funcionó muy bien por algún tiempo, aunque no todos los miembros asistían a este tipo de reuniones. Algunos de los que no asistían a las reuniones de estudio argumentaban enfáticamente que éstas no eran necesarias pues representaban una pérdida de tiempo y de dinero, ya que los ausentes dejaban de contribuir a la Séptima Tradición. Otros miembros manifestaban que a ellos sólo les había funcionado la terapia de tribuna y silla, que, gracias a ella, estaban sobrios y que no necesitaban sesiones de estudio.

Para los que asistíamos (digo asistíamos, porque las reuniones de estudio de mi grupo ya no existen), nos enteramos del vital contenido de los libros de Alcohólicos Anónimos, Los Doce Pasos y Las Doce Tradiciones y algunos extractos del libro Como lo ve Bill.

A través del estudio de estos libros y de compartir los puntos de vista con los compañeros, tuvimos la fortuna de conocer, entre otras cosas, diversos aspectos de la enfermedad de un alcohólico y el programa de recuperación. También nos enteramos de que si un grupo de AA se desvía demasiado de la práctica de las Doce Tradiciones, no tiene futuro. A la larga llega la anarquía, si es que no desaparece o llega a convertirse en un club para reuniones sociales.

Yo creo que si una persona (hombre o mujer), que haya logrado dejar de embriagarse gracias a un grupo de AA, no lee y pone en práctica aunque sea una pequeña parte de nuestro extenso catálogo de literatura disponible, no va a poder sentir la solidaridad con sus compañeros ni el amor a la comunidad de AA como un todo.

Existe otro gran motivo por el cual los miembros de un grupo debieran darle importancia a la literatura que cubra nuestros tres legados (Pasos, Tradiciones y Conceptos): pues es en los grupos de AA donde los miembros tienen la oportunidad de formar parte de los diversos comités de servicio que tienen la delicada tarea de relacionarse con el público, los comités para instituciones y las relaciones con profesionales. También hay que agregar a aquella lista a los RSG y MCD, delegados de área y custodios, los servidores que van a encargarse de mantener saludables nuestras arterias mundiales.

Por fortuna, la mayoría de los grupos tienen la visión de elegir a miembros que ya han tenido algo de conocimiento de la literatura y de AA, para que cubran estos servicios de estructura.

Nosotros, los Alcohólicos Anónimos, somos afortunados de tener una existencia de literatura tan variada y que cubre casi todas las necesidades individuales de cada uno de nosotros. Libros y folletos en varios idiomas y dialectos, discos compactos, videos, literatura en Braille, boletines para solitarios, revistas, etc. No hay pretexto que un alcohólico pueda argumentar de que esta información no está disponible.

Es cierto que demasiado conocimiento puede hacer daño y puede matar el espíritu y convertir a un alcohólico recuperado en una enciclopedia ambulante, un sabelotodo o en un conferencista. Como también es cierto que el desconocimiento puede mantener a un alcohólico en perpetua ignorancia. Ambos extremos en Alcohólicos Anónimos son dañinos. Nuestra tarea es encontrar un punto medio para formar una conciencia de grupo.

El futuro de Alcohólicos Anónimos lo tenemos en nuestras manos. Si no le damos vida al programa de recuperación, la sobriedad va a ser un martirio y no vamos a poder disfrutar la alegría de vivir.

JOSÉ A. M.
Los Ángeles, California

Historia del Grupo Araure
POR MUCHOS AÑOS, UN GRUPO PEQUEÑO MANTUVO LAS PUERTAS ABIERTAS, HASTA QUE EL GRUPO SE SOLIDIFICÓ

Mi conocimiento de la comunidad de Alcohólicos Anónimos se inició en el año 1988 cuando mi esposa me invitó a que la acompañara a un sitio. Ella me llevó a la reunión donde se encontraban varios hombres de los cuales sólo conocía a uno de ellos, por relaciones comerciales. Los escuché llamarse a sí mismos enfermos alcohólicos. Lo que ellos dijeron no me causó ningún interés personal y menos identificación. Sin embargo, acompañé a mi esposa las siguientes noches, incluido el jueves. El viernes a las diez de la mañana me fui del lugar de trabajo a buscar dónde beber. Mi esposa me dejó quieto y no volví por allá.

Dos miembros de la comunidad que querían cumplir con sus pasos de recuperación me visitaban cuando menos lo esperaba. Al verlos llegar, en ocasiones los atendía, pero otras me escondía y ellos se marchaban. En esta forma pasó el tiempo y en el año 1990 me invitaron a una actividad, una convención de AA, y les acompañé a todas las reuniones donde ellos estaban y hasta me colgué del cuello una identificación. En esas reuniones escuché muchas experiencias con las cuales no me identificaba, pero que me causaban sentimientos de lástima por quienes las decían.

En el mes de julio de 1992 recibí la visita de un amigo a quien le insistí que bebiera, aunque él tenía que conducir de Acarigua hasta Barquisimeto. En el trayecto sufrió un accidente y murió a los dos días. Esto me creó un sentimiento de culpa que me llevó a acordarme de Alcohólicos Anónimos.

El domingo siguiente a la muerte de mi amigo, Dios me eligió para que el lunes asistiera, por mi propia decisión, a una reunión de AA y fui a un grupo que funciona cerca de mi trabajo. Había anunciado al mediodía en mi casa la intención que tenía, con la esperanza de que mi esposa se ofreciera a acompañarme. Pero ella no se interesó. Entonces su hermano, que se hospedaba en la casa en ese tiempo, se ofreció a ir conmigo. Los compañeros que se encontraban presentes nos atendieron; uno de ellos comentó que al día siguiente tendrían una reunión a la que no podríamos asistir. Inmediatamente decidí que al día siguiente asistiría al otro grupo que había escuchado decir que existía en Araure y que se llama Grupo Araure. Hoy entiendo que esa era la voluntad de Dios.

Asistimos a una reunión del Grupo Araure y allí estaban

tres compañeros, dos que eran Conciencia del Grupo y, el otro, que acostumbraba asistir a los dos grupos que en ese momento funcionaban en Acarigua-Araure. Me sentí cómodo entre esas personas y también con el horario a partir de las siete de la noche.

Asistí por varios días y me sentía motivado, pero no me identificaba como portador de la enfermedad que cada uno de los miembros manifestaba sufrir y que era el motivo de su presencia en aquellas reuniones. La mente se negaba a recibir el mensaje, pero cuando escuché que todos decían que mientras no se tomaran la primera copa no tendrían problemas, me hizo empezar a reflexionar sobre lo que me sucedía, ya que a mí me pasaba exactamente igual. Por fin, el treinta y uno de julio de 1992, por primera vez dije que probablemente también tenía problemas con mi manera de beber.

La persona que me acompañó a la primera reunión continuó haciéndolo y unos días después de haber aceptado, él también se convirtió en miembro de la comunidad y ya llegamos a ser cuatro los que conformábamos la Conciencia del Grupo. A los pocos días de estar asistiendo a las reuniones, los compañeros que estaban en el lugar preguntaron si queríamos tener la llave del local y nos entregaron una copia a cada uno. Ésta sigue siendo la modalidad del Grupo Araure y nos ha dado un magnífico resultado, pues no se depende de nadie para asistir a la reunión.

A lo largo de esos catorce años han sido muchas las personas que han asistido para obtener información y varios los que se han declarado enfermos alcohólicos y han seguido asistiendo. Algunos también se alejan, aunque después regresan. En una temporada asistían tantos miembros al grupo que aunque teníamos varias sillas plásticas, otras metálicas y varias de mimbre, no eran suficientes, por lo que varios de los asistentes tenían que quedarse de pie.

En los primeros meses de 2005, la Conciencia del Grupo pasó de siete u ocho miembros a dos que asistíamos con regularidad. En la mayoría de los días no se cumplía con los horarios.

Desde julio a diciembre sopesamos la posibilidad de mantener el local abierto, en parte porque teníamos la Convención Nacional en Maracaibo. Por fortuna, en noviembre llegaron dos nuevos compañeros y otros dos antiguos regresaron.

En este momento el grupo cumple con los planes de autosostenimiento: aporte fijo, Plan 365 y Plan Aniversario, Semana de la Gratitud, Semana de la Estructura y otros aportes especiales. También se han suscrito treinta personas a la revista Gratitud.

GUILLERMO R.
Área Portuguesa, Venezuela

Salí a correr
SU PRIMERA MAÑANA SOBRIO, LE ILUSTRA EL CAMINO A SEGUIR EN AA

—Échate una fría.

—No, ahora no.

—¿Cómo que no?

—No, de veras.

—Nomás una y te vas.

—No.

—¿Qué tanto es una, hombre?

—No. Voy a la plaza a arreglar un asunto. Al ratito nos vemos.

—Puras mentiras. Te regañan en la casa.

—No.

—Te hiciste aleluya.

—Tampoco.

—Entonces te la tomas o te la echo en la cabeza.

—Échamela.

Sucedió a mediados de noviembre de 1982. Estaba en mi primera semana de recuperación y carecía de valor para decirles que ya había bebido lo suficiente. Me insistían que bebiera porque para un bebedor lo más natural es beber, beber acompañado, beber hasta emborracharse y mi "no bebo" era "no" débil, inseguro.

La mañana que mi madre me dijo que había un grupo de recuperación en el pueblo me imaginé a un par de monjas caritativas tratando de controlarle el alcohol a un puñado de desamparados (con goteros, en caldo de pollo, que luego comían con cucharas o a sorbos). ¿Qué más podía ser? Supuse que luego se hincaban a orar besando el suelo.

Me pregunté por qué, si sus fines eran tan buenos, se reunían casi a escondidas, en una casa abandonada, cuando cada vez que llegaba al pueblo una idea nueva o un producto nunca visto, los negociantes y los políticos se amontonaban a que les tomaran la foto con los portadores de la noticia. Con los ex bebedores sucedió lo opuesto. Nadie quería saber nada de ellos.

Dicen que la curiosidad mató al gato: fui a ver de qué se trataba, claro que, antes de entrar, miré hacia los lados para asegurarme de que nadie me veía, porque un borracho, por muy mal que se encuentre, cuida su reputación y le preocupa, hasta el delirio, lo que vayan a decir sus amigos.

No hubo necesidad de abrir la puerta. Descendí por los escalones de cantera, crucé la sala con piso de tierra suelta, continué por la banquetita hacia mi derecha hasta llegar al cuarto donde un señor esperaba a quienes quisieran dejar de beber, pero no había ni un solo candidato.

—Pase—, me dijo a la vez que arrancaba la mirada de un libro deshojado.

Sobre una mesa de tres patas había una vela, una campana de bronce, una canastita con un peso y algunas cartas selladas.

Me quedé mirando las rendijas de las paredes, los agujeros a la altura del techo y los bloques de cemento que servían de asientos.

El hombre no me dijo que me sentara. Se levantó, me dio la silla y se sentó en uno de los bloques.

Me dio gusto y me dio lástima: gusto de que no fueran las monjas quienes me dieran la bienvenida y lástima de que en el local no hubiera una banca como en las cantinas donde bebí.

—Qué bueno que se acerca a saber lo que es esto. Ha de dispensar lo incómodo del lugar. Estamos empezando. Ya habemos un grupito, sólo que, como es tiempo de pizcas, los demás han de andar ocupados, pero no tardan en llegar. Yo soy el de la llave. Tómese un jarro de café — me dijo.

Los constantes eran él, un talabartero y un Padre. Sobre los primeros no tenía yo preguntas. En cambio, me pareció novedoso que un sacerdote se contara entre la membresía.

La campana que estaba en la mesa, él la donó. También regaló unas sillas cuando la iglesia decidió reemplazar su mobiliario. Organizaba reuniones públicas, invitaba oradores de otros pueblos, hablaba como cualquier miembro. Pidió que se le llamara únicamente por su nombre, nunca Padre.

Su presencia le dio solidez al grupo. Se acabaron los rumores de que era una bola de desahuciados. Era casi seguro que tras las borracheras de las fiestas cívicas o religiosas llegaran nuevos prospectos. Por supuesto, unos se quedaban, otros no. El compañero que me recibió me aclaró que a algunos les toma más de un intento quedarse.

El talabartero fue mi padrino. Recurrí a él cada vez que mi sobriedad se vio amenazada por la bebida. El resto del mes se me fue en pensar cómo sería vivir una feria sin alcohol. Me dijo que la fiesta iba a ser como yo quisiera, alegre o triste, y que la respuesta la iba a encontrar en mi pasado, si lo analizaba con mente abierta.

Me aseguró que las reuniones me traerían un mayor grado de honestidad y de humildad, no de humildad como la que se asocia con el pobre (porque hay pobres que cargan a la mujer como trapo), sino una humildad que me ayudara a recobrar la confianza y a ser la persona que debía ser.

La víspera de Año Nuevo hubo una reunión especial donde estuvieron presentes todos los miembros. A espaldas del grupo estaba el salón de bailes y podíamos oír con claridad la música y los gritos, pero pude resistir la tentación de salirme. Era más agradable escuchar las comparaciones que hacían los compañeros entre su pasado y su presente que, de alguna manera, relacioné con mi experiencia.

Al final de la reunión bajamos a la plaza y nos detuvimos a comer chuletas, mientras veíamos a la gente divertirse. No exagero al decir que casi todos los hombres andaban bebiendo.

En una esquina divisé al bebedor que en noviembre me dijo "échate una fría". Él también me vio, pero al ver que andaba con personas que no bebían, se cambió de esquina. Jamás pensamos en beber. Mi padrino compró una bolsa de cacahuates y el compañero de la llave trajo más refrescos y seguimos platicando otro rato.

Debieron ser las once de la noche cuando cada quien se fue a su casa. Dormí a gusto. Al día siguiente, me levanté tan contento que, al salir el sol, fui a trotar por primera vez en mucho tiempo. Fui al rancho de unos tíos. Regresé a casa y desayuné con mi madre.

¿De modo que esto es celebrar sin beber? Me pregunté varias veces. ¿De modo que esto es celebrar sin beber? Le pregunté a mi padrino en la reunión siguiente.

—Esto es celebrar sin beber, me dijo, y está al alcance suyo cuando quieras.

RICARDO E. M.
Warwick, New York

CAPÍTULO DOS

DESPERTAR ESPIRITUAL
EL DESPERTAR ESPIRITUAL REVELA
SORPRESAS QUE NOS HACEN CAMBIAR

Algunas veces, después de estar sobrio muchos años, ocurre un despertar espiritual, de manera inesperada. Hay alcohólicos que, a pesar de llevar años en AA, hemos descuidado algún aspecto importante de nuestra recuperación: ignorar un Paso que nos resistimos a trabajar honestamente, no tener un padrino o madrina, negarnos a prestar servicio. Por eso, los despertares espirituales pueden representar un inmenso paso adelante para seguir creciendo en AA, en esas áreas de nuestra sobriedad que quizá habíamos descuidado.

La historia "Cruzando la meta", narra cómo un deportista muy admirado, que antes caminaba embriagado por el mundo, hoy participa en maratones internacionales. En "Recuerdos de Akron, Ohio", un AA narra cómo un peregrinaje a un lugar de especial significado para los alcohólicos, cambia su perspectiva de la vida.

Cruzando la meta

ANTES CAMINABA EMBRIAGADO, HOY PARTICIPA
EN MARATONES

Crecí en el norte de la República de Guatemala, mi padre era administrador de fincas de la colonia Alemana. Hice mi primer contacto con la bebida a los siete años cuando asistíamos a una fiesta de cosecha de maíz en una ranchería. Con un primo tomamos boj, bebida típica hecha de jugo de caña, fermentada a base de maíz y panela, recuerdo que reímos incansablemente.

Mi vida en el campo concluyó rápidamente cuando tenía nueve años, por la muerte de mi padre. Su ausencia me causó mucha tristeza. Con mi madre y cuatro hermanos, nos trasladamos a la ciudad de Verapaz, siempre en el norte del país, allí continuamos los estudios pero ya a los catorce años entraba a las cantinas a beber licor.

A los quince años conocí una muchacha que, después de varias citas, aceptó ser mi novia, pero sus padres se opusieron. Decidí desesperadamente buscar un futuro mejor, quería ser alguien, estaba resentido, tenía grandes sueños. Y salí de mi casa a los quince años pensando volver algún día para ayudar a mi familia y ser digno de la mujer que amaba.

Como había fracasado en los estudios mis intenciones eran de irme a los Estados Unidos, pero por ruegos de mi madre me quedé en la capital. No fui, pues, un buen estudiante, fui muy rebelde, pero, después de varios esfuerzos de familiares, logré ingresar a la Universidad Estatal, que posteriormente dejé a consecuencia de mi vida ingobernable. Hacía lo posible por mantenerme en los trabajos, cada vez que me pagaban bebía con los amigos, padecí infinidad de lagunas mentales prolongadas y estados de terrible paranoia, los cuales me acompañaron como fantasmas a lo largo de mi juventud.

Un día provoqué un escándalo en la calle y terminé preso en un puesto de policía. Perdí totalmente el control de mi vida, bebía casi a diario, atravesando depresiones y angustias. En otra ocasión, por invitación de unos amigos, asistí a una pequeña fiesta en los suburbios de la ciudad capital, esta vez terminé intoxicado con vino, cerveza y barbitúricos; los amigos llamaron alarmados a la casa donde yo vivía y fueron a socorrerme. Yo vivía en la casa de una hermana de mi madre, pero pronto les di las gracias por la ayuda que me habían dado, por considerarme parte de su familia y me despedí con tristeza, en el fondo creo que quería tener libertad de beber.

Había cumplido veinte años cuando me trasladé a vivir a una casa de huéspedes que es un tipo de hotel barato, estaba ubicada en el centro de la ciudad, era una casa muy antigua y deteriorada, de la época colonial, un cuarto inmenso que compartía con otros dos huéspedes. Dejé de estudiar en la universidad y sólo trabajaba. Por las noches la pasaba en los bares y cantinas. Los viernes y sábado me hacía pasar por invitado en las fiestas donde repartían licores y así bebía gratis.

Después de sufrir varias enfermedades respiratorias y venéreas, me invadió una inmensa soledad y por un tiempo hice una parada forzosa donde tuve oportunidad de reflexionar y alcancé a vivir un poco mejor, cambié de trabajo y fue el momento en que pensé tener una compañera de hogar. Me casé con una buena mujer, a quien le tocó sufrir mi recaída, en pocas palabras le tocó vivir un infierno; lo cual sería otra historia que contar.

Una mañana, mientras buscaba dónde tomarme un trago para animarme e ir al trabajo, me encontré, como de milagro, a un vecino, miembro de la comunidad de Alcohólicos Anónimos, él me contó su experiencia, lo escuché y esa misma noche me llevó al grupo de AA donde levanté mi mano hace once años.

Desde entonces no he bebido y sigo asistiendo, porque he encontrado una nueva forma de vivir.

En mi pueblo cada año se lleva a cabo una media maratón a nivel internacional y siempre quise participar, pero mi alcoholismo me lo impedía. Dos años después de mi llegada a AA, por invitación de un amigo, comencé a entrenar y a los ocho meses tuve la oportunidad de correr la media maratón internacional, cuando me acercaba a la meta sentí una gran emoción, se me salieron las lágrimas y le di gracias a mi Poder Superior. Ya no era aquel borracho que caminaba por las calles buscando embriagarme. He tenido otras satisfacciones que no hubiera podido recibir sin el programa de Alcohólicos Anónimos. Y a ustedes, muchas gracias por su tolerancia

RENÉ C.
Mixco, Guatemala

Fuera de foco
EL DESEO DE BEBER CONFUNDÍA SU MENTE

Supe de AA en el mes de enero del 2004. Tenía veintitrés años de edad, todavía conservaba mi salud, un trabajo, una familia, carros. Para mí, un alcohólico era una persona que estaba tirada en la banqueta, o que vagaba sucio por las calles pidiendo dinero. Yo no creía haber llegado a ese extremo, aunque tenía muchos problemas en todos los aspectos de mi vida.

Empecé a beber a la edad de quince años, conocí el alcohol, ¡qué rico era su efecto!, me agradó cómo cambiaba mi estado de ánimo, cómo me transformaba, me hacía sentir parte de la sociedad. En esa época experimenté mis primeras borracheras, y de una manera muy sutil, empecé a beber cada vez un poco más.

Faltaba a mi trabajo los días sábados porque, por ley, yo tenía derecho a no trabajar, más tarde empecé a faltar los días lunes.

Mi alcoholismo fue avanzando y mis problemas se fueron tornando más graves. Llegó un momento que yo ya no aparecía por mi casa, y cuando finalmente regresaba, era porque estaba ahogado de la borrachera o porque alguien me llevaba a mi casa.

Muy pronto comencé a tener algunas lagunas mentales, a no recordar lo que hacía la noche anterior, en una ocasión, un otoño que hacía algo de frío, un amigo me invitó a un trago, recuerdo que se convirtieron en muchas tequilitas y luego bastantes cervezas.

No supe a qué hora llegué a mi casa, sólo sé que fue de madrugada y con un carro que no era mío, lo tomé prestado, y estaba todo chocado y yo no podía recordar qué había ocurrido. Lleno de pánico, porque no sabía qué había hecho, esperaba que las autoridades llegarían a buscarme. No llegó la policía, ni nadie, pero mi miedo me hizo pensar que necesitaba tener más control con mi forma de beber.

Con mucho esfuerzo me aparté del alcohol por algunas semanas, decidí asistir a una iglesia, pero después de un corto tiempo comencé de nuevo a beber.

Creí que necesitaba un cambio de vida y a los diecisiete años formé una familia. Me convertí en padre, imaginé que llevaría a mis hijas al cine, al parque y que disfrutaríamos de una vida diferente, pero seguí bebiendo.

Empecé a ingresar a la cárcel por manejar en estado de ebriedad, mi familia me sacaba de la cárcel pagando la fianza, pero no pasaba mucho tiempo cuando estaba otra vez encarcelado.

Tuve varios accidentes, uno de ellos fue grave y milagrosamente salí vivo. Ese día me sentí contento, era fin de semana, entré en un bar con la intención de tomar un par de cervezas y regresar a casa, pues al día siguiente era el bautizo de mis hijas.

Salí del bar en la madrugada, recuerdo que me subí al carro y cuando desperté estaba en el hospital conectado con aparatos en mi pecho y la boca totalmente destrozada, sentado junto a mi cama estaba un oficial de la policía.

Tan pronto se acercó una enfermera le pregunté qué estaba yo haciendo ahí, me informó que había tenido un grave accidente en la carretera. Sentí que estaba perdido, quería desaparecer de este mundo, que me tragara la tierra. Cuando me dijo que había otro carro involucrado, toda clase de pensamientos se cruzaron por mi cabeza, mi vida era como una bomba de tiempo y pronto me encerrarían definitivamente en la cárcel. Empezaba a pensar que la única salida era la muerte o el encierro definitivo. En una ocasión había tratado de suicidarme con un arma, pero me faltó valor para hacerlo.

Ya no tenía ningún sentido vivir la vida, mi familia no merecía todo lo que estaba sucediendo, tenía lástima de mí mismo, me sentía inútil. Creía que yo había llegado a la vida en una época equivocada, en la cual no me tocaba vivir, pero no quería morir.

Poco después del accidente, llamé a un número de teléfono de un grupo de AA. De manera amable me dijeron que esa noche había una reunión en la que sería bienvenido. Era un poco antes de medio día cuando hablé con esa persona. Llegué al grupo y cuando todos estuvieron reunidos me dieron la bienvenida con un aplauso y me dijeron que yo era la persona más importante de esa noche.

Pensé que no hablaban en serio, pero, al escuchar sus experiencias, por primera vez sentí que alguien entendía por lo que yo estaba pasando, aunque no quería dejar de beber para toda la vida, yo era joven y no había bebido como ellos.

Es cierto que me habían sucedido muchas cosas, pero yo sería más inteligente, estaría en AA unos cuantos meses, el tiempo suficiente para remediar mis problemas legales y económicos. Iba a las reuniones esporádicamente, no me interesaba saber de un libro, ni mucho menos de un padrino.

Pasaron unas semanas y no bebí, alrededor de dos meses me entraron unas fuertes ganas de regresar a mi país y visitar a mi familia allá. También me entraron unas fuertes ganas de beber, pero esas no las dije, así que fui a mi país y se presentó nuevamente el fenómeno del deseo imperioso de volver a beber, y comenzó una lucha en la mente entre beber y no beber.

En este período de abstinencia pude darme cuenta que una vez que hiciera contacto con el alcohol, no podría parar, y me dije: "Juan, no bebas, porque si bebes lo arruinarás todo otra vez, ya tienes dos meses que no bebes". Pero ganó la idea malsana y me dije: "Dos meses no es nada, además estoy en mi país, aquí no hay ningún problema con la ley. He comenzado muchas veces, que más da volver a comenzar mañana".

No pasó mucho tiempo cuando estaba diciéndome a mí mismo: "¡Cómo pudiste volver a beber!, ya ni modo, pero a la cuarta me voy". Esa borrachera me duró casi dos meses, estuve dos semanas en mi país y las pasé borracho, causándole problemas a mi madre, que me pedía que dejara de beber, a lo que yo amenazaba, con irme y no regresar. Me toleró por varios días hasta que, con mucho dolor y llorando, tuvo que dejarme ir.

Desperté un día por la mañana acostado en un sofá completamente solo, rodeado de botellas vacías y preguntándome qué es lo que estaba haciendo con mi vida. Me sentí muy mal, estaba temblando, confundido y arrepentido, por haber dejado marchar a mi familia, por no tener el valor para dejar de beber, por ser un cobarde y un débil. Ya no quería beber pero al rato estaba comprando más alcohol.

Llamé a un amigo de AA, que más tarde se convirtió en mi más íntimo amigo de AA, y le conté todo lo ocurrido. Quería que se compadeciera de mí y viniera corriendo a verme, pero me dijo que yo sabía dónde estaba la solución.

Regresé a AA dos meses más tarde de haberme marchado, peor que la primera vez que asistí, sin fe, sin nada, pensando que tal vez ni en AA podría dejar de beber.

Conseguí un padrino que me ayudó y que siempre estuvo cerca de mí, además de varios de mis compañeros dispuestos a hacer lo que fuera para que yo me recuperara. Algunos llevaban varios años de no beber, yo no podía imaginar que un día yo pudiese celebrar un año sobrio.

No veía cómo mi vida se iba a arreglar, ya que tenía muchos

problemas, legales, con la familia y la sociedad. Gracias a un Poder Superior, poco a poco, todo fue mejorando, la familia regresó.

Seis meses más tarde tuve que enfrentar la situación legal, tenía un muy mal récord y fui sentenciado a servir un período de seis a ocho meses en la prisión, por violar la libertad condicional.

Gracias a Dios, para AA no existen barreras y en la prisión asistí a las reuniones y me visitaron mis mejores amigos Alcohólicos Anónimos a quienes tenía muy poco tiempo de conocer. Me trataron como si yo fuera su amigo de toda la vida, por esto, hoy en día me siento profundamente agradecido y contento de tener la oportunidad de vivir una nueva vida, la cual ha sido cada día más interesante.

Mi deseo de beber desapareció gracias a un Poder Superior, y mi vida el día de hoy no es para nada aburrida, tengo la alegría de vivir dentro de AA.

JUAN T.
Durham, North Carolina

Vida o muerte
EL ALCOHOL LE QUITÓ LA VISTA, EN AA RECUPERA SU VIDA

Comenzaré por decirles que no soy yo el que escribe mi experiencia, soy invidente, y quiero narrar cómo es que perdí la vista por el alcohol y las drogas.

Soy Panchito, alcohólico, me presento así porque así me llaman mis compañeros, mi carrera alcohólica comenzó en la escuela. Recién llegado a este país hice amistad con un grupo de jóvenes que habían encontrado en el alcohol y otras sustancias, el elíxir mágico de todo principiante.

Al poco tiempo de iniciada mi enfermedad comencé a tener negocios ilícitos que me permitían ganar bastante dinero y a la vez destruirme con el alcohol y otras cosas.

Vivía equivocado, a los veinticuatro años conocí a una joven que fue mi primera esposa y madre de mi única hija; ella también era una enferma alcohólica y adicta.

Durante tres años vivimos la vida loca hasta que ella salió embarazada de mi nena, fue entonces que reflexioné y acepté que habían pasado muchos años de alcoholismo y de una vida ingobernable. Por sugerencia de mi madre, fui al centro de rehabilitación de una iglesia; el nacimiento de mi hija fue el motivo para acercarme a Dios y cambiar de vida.

A los veintiocho años me convertí en papá soltero, mi matrimonio no funcionó y mi esposa nos abandonó a mi hija y a mí.

Cuando la niña cumplió trece años decidió irse con su mamá, me sentí solo y olvidé a Dios. Retomé mi vida ingobernable y en uno de mis viajes a México conocí a la que fue mi segunda esposa, a quién dejé sola al día siguiente de la boda porque yo tenía otra mujer, de ese tamaño era mi deshonestidad.

Unos años más tarde, como consecuencia del alcohol y las drogas, caí en el hospital muy grave, el doctor le dijo a mi madre que era demasiado tarde, que lo único que podía hacer por mí era ponerme una inyección para calmar el dolor y esperar mi muerte, eso fue lo último que escuché.

Seis días después desperté del coma pero para mi sorpresa, al abrir los ojos me di cuenta de que no podía ver, le pregunté al doctor qué pasaba, él me respondió que no sabía, que ni él mismo se explicaba que yo estuviera vivo y en cuanto a mi vista, las máquinas no registraban nada, necesitaba un transplante de hígado porque tenía cirrosis hepática.

Para estar en la lista de espera del transplante, tenía que cumplir el requisito de acudir durante seis meses a AA. Ese requisito no me gustó, veinte días más tarde salí del hospital totalmente confundido.

Fue así que una noche de diciembre mi madre me llevó al Grupo Nueva Vida, de Coachella, los compañeros me dieron información y algo sucedió esa noche pues cuando salí de la reunión yo no era la misma persona, mis pensamientos eran diferentes y en mi corazón había esperanza. Desde esa noche no he vuelto a tener contacto con el alcohol.

Un día mi madre y otro compañero mencionaron la posibilidad de abrir un grupo en mi casa, junto al garage. Varios compañeros de otros grupos se nos unieron y ahí, en el mismo lugar donde yo estuve destruyendo mi vida, se abrió un grupo de AA.

Dios me rescató y esas dos horas de vida que la ciencia me daba se han convertido en cinco años sin transplante de hígado. Hoy se hace la voluntad de Dios y no la mía

FRANCISCO D.
Thousand Palms, California

Unidos podemos

UN MIEMBRO DE AA EN LA REPÚBLICA DOMINICANA, CUENTA SU EXPERIENCIA

Tengo cuarenta y cuatro años y soy alcohólico. Nací en la República Dominicana, en un pueblo llamado Moca y, aunque vengo de una familia numerosa, dieciséis hermanos, mis padres nos dieron una buena educación a mí y a mis hermanos.

A temprana edad entré en contacto con el alcohol, diría yo que en ese entonces era una travesura. Mi infancia fue normal, estudiando, jugando con mis amigos.

Alrededor de los trece a catorce años mi deseo por el alcohol fue aumentando. Era habitual que mis amigos y yo nos tomáramos un par de botellas antes de ir a una fiesta. Durante mi adolescencia, que considero tambien fue normal, iba a la disco con mis amigos, practicaba deportes, incluso fui un atleta destacado representando a mi país en eventos de fútbol, como integrante de la selección nacional. También destaqué en mis estudios, pero al mismo tiempo en esa etapa de mi vida disfrutaba mucho del alcohol.

Era un muchacho popular entre mis amigos, en la escuela y en el barrio, luego entré a la universidad pensando que mi forma de beber iba a disminuir porque iba a adquirir cierta responsabilidad pero fue ahí donde mi manera de beber aumentó.

Me uní a un grupo de amigos en la universidad y me convertí en el principal auspiciador a comenzar la parranda, recuerdo que, en vez de reunirnos a estudiar, ese tiempo lo dedicábamos a la bebida, por ese motivo duré más tiempo del requerido para terminar la universidad.

Fue en esta época universitaria que mis verdaderos amigos empezaron a sospechar que mi forma de beber no era normal, incluso antes de los exámenes no me podía levantar por la resaca.

Empecé a faltar a mi trabajo, mis amigos me preguntaban: "José Miguel, ¿por qué tomas tanto licor?" Pero el ego mío estaba tan alto que les contestaba que el alcohol a mí no me hacía nada, que yo venía de una familia que sabía beber.

En ese tiempo, además de estudiar, administraba una de las imprentas de mayor éxito en la ciudad de Moca; como dije al principio vengo de una familia que me dio una buena formación, y me enseñaron a ser responsable y trabajador. Yo cumplía con todos mis deberes, pero a medida que mi enfermedad fue progresando y el deseo de consumir alcohol fue creciendo, empecé a beber en el trabajo.

Como yo era el administrador, yo era quien ponía las reglas, así fui adquiriendo confianza y la ansiedad por el alcohol aumentó al punto que trataba de estar en el área de producción para, de esa manera, no tener la necesidad de hablar con los clientes. Pero había ocasiones en que era imposible evitar el contacto con los clientes, imaginen el olor a alcohol y la mala imagen que yo le daba a la empresa.

Aunque el jefe de la imprenta era amigo de la familia, no tuvo más remedio que llamarme la atención, yo consideré que eso era una falta de respeto hacia mi persona y presenté mi renuncia. Ahora me asombra recordar que yo consideraba mi actitud como correcta y que bastaba con sacar la producción.

Otra circunstancia que me ayudó a aceptar que yo necesitaba ayuda, fue la relación con mis amistades, en un principio nos reuníamos en mi casa para comentar aspectos de la farándula, deporte, política, chisme, en fin, reuniones de amigos. Yo siempre le añadía un poquito de humor a las discusiones y disfrutábamos de esos momentos, siempre acompañados de una gran cantidad de bebidas alcohólicas, pero cuando mis amigos se marchaban a sus casas yo continuaba tomando alcohol, solo.

Ahora les cuento el papel que tuvo mi familia en mi proceso de aceptación. Vengo de una familia muy unida y alegre, casi todos son profesionales, en los encuentros familiares gozábamos mucho con las anécdotas y ocurrencias de todos mis hermanos, los encuentros para los cumpleaños, la cena de Navidad, el fin de año, siempre eran encuentros agradables, todos juntos compartiendo.

Pero al ir progresando mi forma de beber, mi comportamiento cambió, mi participación ya no era chistosa, me peleaba verbalmente con mis hermanos, en lugar de gozar esas actividades, le aguaba la fiesta a mi familia, a tal punto que ya ellos no querían invitarme, no porque no lo deseaban, sino porque yo siempre metía la pata. Debo decir que siempre me aconsejaron y nunca me retiraron su apoyo, mi mamá, mi papá y todos mis hermanos.

Y aquí quiero contarles lo que yo llamo mi "fondo" para poder aceptar definitivamente que necesitaba ayuda, que solo no podía combatir el problema que yo tenía con el alcohol. Me enamoré de una joven, la conocí en un baile y me dije: "Esa muchacha va a ser mi esposa", y me lancé a conquistarla.

La cortejé tratando de que ella pensara que yo era un buen partido, cosa que era cierto, excepto por mi manera de beber. Recuerdo que cuando la visitaba procuraba llegar sobrio pero cuando empecé a tomar confianza, le pedía un trago con la excusa de que estaba cansado. Ella lamentablemente me lo permitió y desde ese día en adelante me las ingeniaba para convencerla a que comprara una botella, luego fue una costumbre, cuando salía de su casa me compraba otra en el camino.

Nos casamos y las cosas empeoraron, en el momento de la mayor crisis alcohólica, renuncié al trabajo y empecé a trabajar desde la casa. Mi esposa también trabajaba, cuando ella regresaba a casa cansada, yo siempre la esperaba tomando, ella se enojaba y me reprochaba que yo no tenía dinero para ayudar en la casa, pero para la botella sí.

Les quiero ser honesto, a mí me daba vergüenza esa situación, pero yo ya no podía controlarla, tenía que estar bebiendo día y noche. Mi esposa no pudo aguantar más y me puso la condición de que si yo no paraba de beber, ella se iba a casa de su madre. Entonces vino la popular promesa que "yo no iba a tomar más". De verdad quería cumplir esa promesa pero mi enfermedad no me lo permitía. Continué tomando a escondidas, pensando que ella no se iba a dar cuenta, pero ¿cómo no se iba a dar cuenta, si yo dormía en la misma cama que ella?.

Aun así, con la promesa incumplida, ella continuaba a mi lado, limpiándome mis vómitos, cuidándome en esas resacas; no sé cómo voy agradecerle eso a ella. Pero un día se fue con su mamá, ahí empezaron los peores días de mi vida. Me quedé solo, mis amigos ya no me buscaban, en esa etapa yo ya bebía a solas, sin trabajo fijo, produciendo lo suficiente para beber y nada más.

Ahí empezaron los delirios tremens, los temblores de los que yo tanto me burlaba en las personas de edad avanzada, y el rechazo de la sociedad. Fue en ese momento que le pedí a Dios (que lo considero mi Poder Superior) que me ayudara a controlar mi forma de beber.

Mi súplica fue escuchada. Escuchando la radio oí que se celebraba el setenta y cinco aniversario del programa de Alcohólicos Anónimos. Los llamé y de inmediato me pusieron en contacto con uno de los grupos de mi pueblo en Moca, el grupo Las flores. Ellos me enviaron una persona a mi casa, quien hoy es mi padrino.

Me pareció muy raro que esa persona pusiera tanto interés sin conocerme, y sin ser parte de mi familia. Ese mismo día, después de explicarme en qué consistía el programa y de contarme cómo él había parado de beber, me interesé.

El compañero me dio una lista de los lugares donde se celebraban las reuniones en la ciudad de Moca, había un grupo cerca de mi casa, pero ese era el último lugar o grupo donde yo quería empezar mi programa de recuperación, porque sentía miedo, miedo al qué dirán, miedo a que me vieran derrotado, miedo a empezar de nuevo.

Gracias a mi Poder Superior, a mi padrino, a mis compañeros de AA que se interesaron en mí y me ayudaron a quedarme en los grupos de AA. Les digo que, al principio, no podía parar de tomar. Paulatinamente fui bajando la cantidad de alcohol que ingería y no fue sino como mes y medio después de haber llegado a AA, que pude abstenerme a tomar totalmente. Ese día fue el cuatro de agosto del 2010.

Ese día empezó mi programa de recuperación, comencé a leer los Pasos, "no solamente leerlos sino aplicarlos en tu vida", decía mi padrino. "La clave en AA es la acción" me repetía, confirmándome que él estaba disponible para ayudar, porque este programa se trata de eso: "Hay que trabajarlo con otro, porque solo no puedes".

Eso lo comprendí de una vez, y así lo hice, me concentré enteramente en mí, con la ayuda que recibía de mis compañeros, escuchando sus terapias pude entender y aceptar mi enfermedad alcohólica.

Después, cuando empecé a estudiar las Doce Tradiciones, viví en carne propia un despertar espiritual, al darme cuenta que las Tradiciones aseguran el sostenimiento de nuestros grupos, para llevar el mensaje de AA al alcohólico que todavía está sufriendo. Esto me revelaba que yo ya podía transmitir lo que me estaba pasando a esos alcohólicos que pedían ayuda.

Me involucré en los servicios del grupo, actualmente sirvo como RSG, y puedo decirle al nuevo, que esto sí funciona. Porque en AA no hay fronteras, yo comparo esta comunidad con el mundial de fútbol, donde todos nos podemos unir, los grupos de la ciudad de Moca, y de todo país, la República Dominicana y de la comunidad mundial.

Hoy puedo decir que me he encontrado a mí mismo, soy aceptado, soy un enfermo alcohólico. Recuperé a mi esposa, que ahora está embarazada, he recuperado la confianza de mi familia y mis amigos. Veo la vida de una manera diferente, comparto mis experiencias con los alcoholicos que aún sufren, trato de vivir la vida día a día, como sugiere el programa.

AA ha despertado en mí la vocación de servicio, soy parte del comité de servicio de Moca, donde compartimos nuestras experiencias con un grupo formado por el comité de servicio en la cárcel correccional de la isleta de Moca, esto me ayuda en mi recuperación diaria. Felices veinticuatro horas.

JOSÉ MIGUEL M.
Moca, República Dominicana

Recuerdos de Akron
VISITA JUNTO A SU ESPOSA A LA CASA DEL DR. BOB

"Nos dices, por favor, tu primer nombre y también, por favor, te puedes poner de pie un momentito para recibirte como se recibe a los nuevos en Alcohólicos Anónimos", dijo el coordinador de mi primera junta en Alcohólicos Anónimos quien ese mismo día me explicó que: "Este programa nació en Akron, Ohio el once de junio de 1935".

Han pasado casi dieciocho años desde que escuché por primera vez esas palabras. Durante este tiempo he tenido maravillosas experiencias, incluyendo el día de mi llegada en AA, el primer servicio de estructura, el Quinto Paso, un viaje a Islas Marías, mi asistencia a un congreso en AA una convención nacional e internacional, sin olvidar mi servicio como RSG en un grupo de São Paulo, Brazil.

Pero dentro de todas esas experiencias resalta la visita que hice en el verano del año 2011 a la ciudad de Akron, Ohio. Una ciudad tan significativa para todos los que hemos nacido de nuevo al amparo de esta maravillosa agrupación, decir que fue emocionante es muy poco. Desde el momento en que vi el letrero en la carretera: "Akron 10 millas" un sentimiento de paz y de serenidad se apoderó de mí.

A pesar de que ya era de noche, mi mirada no perdía ningún detalle. Al dejar la carretera e internarnos en la ciudad de Akron, distinguí el nombre de la primera calle, Smith, y claro, como no le iba a comentar a mi mujer: "Mira, este era el apellido del Dr. Bob".

Llegamos con bastante hambre y después de registrarnos en el hotel, nos fuimos directamente a cenar. En mi corazón latía el deseo de decirle a todo el mundo en aquel restaurante que yo también era amigo de Bill y Bob, como discretamente abren su anonimato los americanos del programa.

Al día siguiente inicié la que sería una jornada muy especial, visitando cinco lugares que ya eran familiares, gracias a los libros que cuentan la historia de AA.

Llegué a la casa del Dr. Bob con una silenciosa ansiedad. Cuando el carro se detuvo en el número 855, me dio una inmensa alegría y antes de bajar lloré de agradecimiento a Dios por dejarme ser parte de esta hermosa comunidad de AA.

En frente de la puerta principal, hay una enorme piedra con una leyenda que dice: "Esta fue la casa del Dr. Bob y Anne desde 1916 a 1950". Recorrí toda la casa por fuera y por dentro; la sala con los sillones donde se sentaban Bill W. y el Dr. Bob en aquellas primeras conversaciones de 1935 y el sótano donde se encuentra todavía una tabla que en el norte de México conocemos como "el burro de planchar". En el segundo piso observé el cuarto y la cama donde Bill W. se quedaba a dormir cuando viajaba a Akron y donde también estuvo los últimos días antes del diez de junio, cuidando al Dr. Bob.

Hubo unos momentos hermosos e imborrables de mi corazón, cuando me permitieron con la puerta cerrada, hacer unos instantes de oración, exactamente en el cuarto que el Dr. Bob utilizaba para dar el Tercer Paso, lo que al parecer es un bello ritual permitido a los visitantes miembros de AA. Otro momento inolvidable fue cuando el compañero que nos guiaba dijo, señalando un antiguo lavamanos: "Mira, en este hueco, atrás de este lavamanos, el Dr. Bob escondía las botellas".

Más tarde ese día regresé a platicar con un compañero que vive en Akron y cuyo teléfono obtuve en mi grupo. La plática la sostuvimos sentados en la banqueta de la casa del Dr. Bob.

Al comenzar la tarde me dirigí al cementerio para visitar la tumba del Dr. Bob, como no había gente, pues era día viernes, aproveché el silencio y disfrutando del viento suave que soplaba y la soledad del cementerio, me quedé unos veinte minutos observando la lápida. Está de más decir, que aquel momento se quedó grabado en mi alma.

Después, hice una visita a la Oficina Intergrupal de Akron, que posee muchos, muchísimos recuerdos de Bill W., del Dr. Bob y de los pioneros de AA en Akron. Tuve tiempo también de pasar por el Hospital St. Thomas y sentir que por sus instalaciones todavía se paseaba el espíritu del Dr. Bob y el de la Madre Ignacia atendiendo al borracho de turno y dejándolo como nuevo.

No podía dejar de visitar el Hotel Mayflower ubicado en el centro de la ciudad de Akron, aunque ya no funciona como tal, pues ahora sirve para recibir gente que no tiene donde vivir, una especie de asilo. Allí se hospedó Bill W. en mayo de 1935 y desde ahí también hizo la famosa llamada al Reverendo Walter Tunks, que lo llevaría al encuentro con el Dr. Bob.

Finalmente a las seis de la tarde fui a conocer la histórica casa de Henrietta Seiberling, cuántos recuerdos de mis lecturas sobre nuestros inicios me evocó esa casa, y también cuánta gratitud y paz sentí en aquel lugar.

Esa noche dormí feliz y a la mañana siguiente, antes de dejar Akron, fui a dar una última y breve visita a la casa del Dr. Bob.

Dejé Akron sabiendo que había experimentado otro despertar espiritual en mi vida.

TOMÁS G.
Falls Church, Virginia

Cada quien viene a vivir su vida
APRENDIÓ A NO DEPOSITAR EXPECTATIVAS IRREALES EN LOS DEMÁS

Hoy, después de seis años y medio en la comunidad de AA y tres de sobriedad, trabajando el programa con mi madrina, he podido dar un abrazo a mis padres con amor, sintiéndoles en mi corazón sin rechazarles y juzgarles. También he abrazado a mi hermana quien es menor que yo por trece meses.

¿Qué ha pasado? No lo sé, sencillamente ha ocurrido. Soy feliz, estoy agradecida a mi Poder Superior, y me siento en paz y tranquila.

¿Cómo he dejado de pelear? ¿Cómo se me ha concedido el don del perdón? No lo sé, pero les puedo contar que esto es lo que ha ocurrido.

Hoy es el aniversario de boda de mis padres, cumplen cincuenta y siete años de casados. Yo no quería ir a comer con ellos, me sentía presionada, manipulada y culpable. Preferí evitar la situación a pasar un mal rato.

Al hacer mi Noveno Paso, hice la lista de personas a las que tenía que reparar, entre ellas estaba mi familia, por supuesto mis padres y esta hermana. Y por más que lo intentaba no podía estar a gusto con ellos — me irritaban.

Me sentía en un callejón sin salida, aunque deseaba compartir con ellos, no podía, mis emociones se disparaban: culpa, ego, ira, celos, etc.

En una ocasión, hace más de un año, quedé a solas con mi hermana, le conté que tengo una enfermedad, "que soy alcohólica", y la naturaleza exacta de ella, que es una enfermedad física, mental y espiritual. Le pedí disculpas por mi comportamiento "cruel" cuando éramos pequeñas.

Ella no le dio importancia, pero yo seguía sin poder acercarme, por más que lo intentaba mi herida emocional seguía abierta, cuanto más me esforzaba más rechazaba a mi familia. Entonces lo dejé en manos de mi Poder Superior. Recé mucho por ellos para que les protegiera como dice la oración del Séptimo Paso, "Te ruego que elimines de mí los defectos de carácter que me obstaculizan en el camino para ser útil a Ti y a mis semejantes, ayúdales y protégeles de mí".

Veía el comportamiento de mis hermanas con nuestros padres y me admiraba, no caen en la trampa y no se sienten atacadas con sus comentarios, eso, a mi, me llevaba a beber mucho.

Finalmente se lo dejé a mi Poder Superior y seguí con mi vida, estar con ellos cuando pudiera evitando entrar en situaciones que emocionalmente me perjudicaran.

Ha sido un año duro, pedirle a mi Poder Superior que me acercara a mis padres, que hiciera las paces con ellos antes de su muerte, pues ya están muy mayores. Y hoy ha ocurrido. Hoy no quería ir a comer con ellos, tenía otro plan mejor, comer con un amigo.

He hecho lo que tenía que hacer. La comida ha sido tranquila, amable, cariñosa, he sentido amor por su parte y yo he podido retribuirlo.

Les he perdonado y me he perdonado. ¿Pero, qué tenía que perdonarles? ¿Que no cumplían mis expectativas, que no eran los padres que yo quería de pequeña? ¿Que mi alcoholismo es independiente de ellos? ¿Que ningún poder humano podía parar mi alcoholismo? ¿Que ellos son el instrumento de mi Poder Superior para traerme a este mundo? ¿Que ellos vienen a vivir su vida y yo la mía? ¿Que la responsabilidad de mi vida es mía y de mi Poder Superior? ¡Menuda confusión la mía!

Bueno ciertamente no lo sé. De repente le he dado un abrazo a mi madre y no la he rechazado, he sentido amor, hacia mi padre y mi hermana también.

Las cosas van llegando, no cuando yo quiero, o como me gustaría, sino cuando mi Poder Superior lo cree conveniente.

Esto no significa que a partir de ahora seamos "uña y carne", no. Se trata de un proceso de cambio de actos y actitudes, pues ahora tengo la capacidad de discernir y no valorar todo en términos de bueno o malo, ahora puedo comprender a los demás.

Al conocerme a mí y reconocer mis limitaciones, comprendo las limitaciones de mi familia. Confiar en mi Poder Superior y no depositar expectativas irreales en las demás personas y en mí, es progreso.

Todo esto no sería posible sin mi Poder Superior, sin vosotros, los alcohólicos en recuperación y el programa de AA.

JULIA S.
Madrid, España

Locura en sobriedad
CELEBRA MUCHOS AÑOS SIN BEBER PERO
POCOS MESES DE PAZ ESPIRITUAL

Tenía aproximadamente catorce años en AA cuando escuché a un compañero que dijo: "Con este programa tan eficaz el alcohólico no tiene excusa para seguir sufriendo, el alcohólico que sigue sufriendo es por negligente, que no quiere practicarlo o porque ya no se puede recuperar".

Lo que este compañero no sabía es que con estas palabras

me estaban dando con un mazo en la cabeza, yo seguía sufriendo.

Llegué a Alcohólicos Anónimos en diciembre de 1980 y en los primeros años celebré mis aniversarios; mi familia me acompañaba y como buen egocéntrico preparaba mis discursos cuidadosamente para quedar bien. Los primeros tres años no me fue tan mal, pero en mi cuarto aniversario, durante mi discurso preparado, me puse tan nervioso que no pude decir nada y me bajé de la tribuna avergonzado, el efecto del ridículo me duró veinticinco años, pues desde entonces no me había atrevido a celebrar mi aniversario.

Mi Poder Superior me quitó la obsesión por beber antes de llegar a Alcohólicos Anónimos pues cuatro horas antes de llegar yo había aceptado que soy alcohólico y le pedí que me ayudara, desde entonces no he tenido problemas con la obsesión.

Pero no hice nada para que se me quitara el egocentrismo y así, en vez de practicar este programa, me puse a platicarlo para hacerme famoso, ávido de poder y prestigio.

Cuántas discusiones inútiles causé dentro de AA queriendo imponer mis opiniones, por andar hablando de AA sin demostrar lo que predicaba, muchos habrán pensado: "Mejor me quedo así".

Durante catorce años de matrimonio le di a mi familia mucho dolor, hasta que finalmente me pusieron una orden de restricción por violento.

Ese fue mi primer fondo de sufrimiento dentro de AA, tenía que hacer algo, no podía seguir así, un compañero me ayudó con el libro azul y me puse a practicar.

Para no hacer la historia muy larga, fueron siete años de vida maravillosa, recobré la confianza de mis hijos y la amistad de mi esposa. Mis relaciones personales cambiaron, ya no era vanidad sino compartimiento verdadero, y así me gané muchas amistades, en el trabajo tuve aumentos de sueldo y de posición, hasta que llegué a ser supervisor de la compañía.

Siete años de práctica de los principios y como resultado una vida útil y feliz, la demostración de que esos principios y que nuestro Poder Superior le devuelve a uno con creces todo lo perdido.

Nuestro Paso Diez dice que continuemos vigilando el egoísmo y todos los demás defectos, todo esto yo lo hacía. Pero hay una advertencia especial que dice: "Debemos tener especial cuidado cuando empezamos a tener algún grado de éxito material y de importancia personal".

Hay un defecto de carácter que en el Cuarto Paso no se menciona y se trata de la arrogancia espiritual. ¿Adivinen qué? Con tanto halago que yo recibía, sumado a los aumentos de sueldo y de posición, quedé atrapado en la arrogancia espiritual.

Que no se diga que al fondo no se le puede volver a escarbar, aquí está mi experiencia para que la aprovechen: volví a caer y esta vez más bajo, siete años de una vida amarga con tres ingresos al manicomio.

En esos años me aislé y eso resultó en una serie de situaciones tristes, pérdida de trabajos, sin casa por no poder pagar, alejamiento de la familia y los amigos. Fueron años sin tribuna porque pensaba que no tenía nada que dar, más que lástima y tristeza.

Toqué fondo otra vez y en el manicomio me volví a entregar a mi Poder Superior en el momento en que ya iba a ser confinado de por vida. Pero aquí estoy, compañeros, disfrutando esta vida maravillosa otra vez.

Apenas hace un año que salí del manicomio y los milagros ya empezaron a suceder, estoy más unido que nunca con mi familia, en el grupo me tienen confianza, otra vez estoy haciendo nuevas amistades tanto dentro de AA como afuera.

Por mucho tiempo yo fui un antirreligioso y cada vez que hablaba con personas creyentes de alguna religión, los criticaba, trataba de imponerles AA.

En este año, he tenido la dicha de hacer amistad con una persona religiosa, ella me ha ayudado mucho a superar este problema, nunca hemos hablado de teología ni de religión, ni yo le he impuesto AA o Al Anon, simplemente la he invitado y ella ha participado. Hemos compartido nuestros puntos de vista sobre principios y nos hemos ayudado mutuamente en nuestros problemas. Gracias a ella hoy sé que en las religiones hay gente de mente abierta y buena voluntad.

Yo puedo volver a caer en la arrogancia espiritual de nuevo con funestas consecuencias, pero este programa no puede fallar.

Hoy celebro mi aniversario de veintinueve años sin beber, pero con una sobriedad emocional de tres meses.

RODOLFO R.
Phoenix, Arizona

Salí del infierno
DISFRUTA DE SU TRIUNFO MÁS GRANDE
EN LA VIDA: ESTAR SOBRIO

Soy un alcohólico, no bebo y estoy en un proceso de recuperación dentro de la agrupacion de los Alcohólicos Anónimos.

Vivo en California, en los Estados Unidos, pero soy salvadoreño.

Conocí a mi madre a la edad de once años. Mi bisabuela, la persona que me cuidó hasta esa edad, había fallecido y mi abuelo materno me mandó a la ciudad donde vivía mi madre.

A esa misma edad tuve mi primera borrachera, perdí el conocimiento, vomité y me castigaron, pero yo de eso no recuerdo nada.

Recuerdo que desperté con sed y que bebí agua bien helada, mientras más helada, era mejor. Dos o tres meses después, volví a beber y los resultados fueron casi como la primera vez, con la diferencia, que en esta ocasión me acordaba de algunas cosas, por ejemplo, me acordaba que había bailado, que había enamorado a una joven, pero que al final fui objeto de burlas porque otra vez vomité y al parecer también quise iniciar una pelea. En esa ocasión se me dijo, que a mí, no me convenía beber.

Cuando cumplí doce años, para ayudar con los gastos en el hogar, entré a trabajar en una fábrica donde se fabricaba el alcohol que se vende en las cantinas, aguardiente envasado. Entonces comencé a tomar todos los días.

El primer trago lo tomaba a las siete de la mañana cuando empezábamos la jornada. Salíamos a la una para almorzar, y ahí tomaba otro trago para comer bien.

Por mi mal comportamiento, tuve problemas muy serios con mi madre, yo era un joven de mal genio, iracundo, muy malcriado y sin disciplina. Debido a ese mal carácter, mi madre me corría del hogar muy seguido. Viví con mucha gente, en ese tiempo se decía que eran "gentes del mal vivir". Aprendí las malas mañas, que me trajeron consecuencias.

A la edad de trece años, al enterarme de los planes de mi familia para internarme en una escuela correccional de menores, me escapé. Regresé cuando ya tenía catorce años y me dediqué a revender legumbres y vegetales en las tiendas. En ese tiempo empezó mi verdadera enfermedad.

Nuestro trabajo comenzaba muy temprano, a las cinco o seis de la mañana. A las nueve de la mañana ya estábamos bebiendo alcohol. A las once estábamos en un billar. Dormíamos poco, bebíamos mucho. Empecé a consumir el alcohol de noventa y seis grados que se vendía en las farmacias, y aunque no lo hacía de manera frecuente, con el tiempo se transformó en mi trago preferido.

En una de las ocasiones en que mi madre me expulsó de la casa inicié una relación con una tía. Con esta relación comenzó el martirio, para mí, para ella y para la familia.

Me alejé de todos, incluyendo las amistades, me sentía despreciado por los que me rodeaban y solamente en el alcohol encontraba consuelo. Para este tiempo yo ya bebía cada día. Esta relación duró más de quince años y ahí hubo de todo: golpes, traiciones, cárcel, hambre, manipulaciones, en pocas palabras, mi hogar era un verdadero infierno, y mi alcoholismo empeoró.

Busqué ayuda para poder dejar de beber. Algunas personas me dijeron que yo estaba maldito, que yo iba derechito al infierno y que era imposible que Dios me perdonara. Visité algunos brujos y tomé los brebajes que me ofrecieron, y nunca pude dejar de consumir alcohol. Ni los ruegos de los seres que me querían pudieron hacer que yo dejara de beber.

Yo siempre había culpado a otros de mis desgracias, tenía un gran resentimiento con todo el mundo, me autojustificaba por mi mala conducta y nunca me dejé guiar por nadie. Algunos me llegaron a decir que yo era casi un animal salvaje. Mi vida era ingobernable, yo no tenía control sobre mi vida, era un caso perdido.

A la edad de treinta y uno o treinta y dos años, se presentó un hombre en la puerta del cuarto donde yo vivía, y me preguntó si me gustaría dejar la bebida, yo le dije que sí. Este hombre me contó cómo había sido su vida y cómo había dejado de beber. Él me dijo que él había sido como yo, o quizas peor, y me llevó a un grupo de AA.

No recuerdo qué día fue, pero está anotado en los archivos del grupo que el primer día que abordé una tribuna fue el día quince de abril de 1981, y ese es el día que yo uso como referencia de mi llegada a AA. Desde entonces no he vuelto a beber nada que contenga alcohol, ni aunque venga en forma de medicina.

Me impresionó un rotulito que colgaba de la pared de aquel grupo que decía: "AA no te ofrece la gloria, pero sí te promete sacarte del infierno". Cuando lo vi, una esperanza surgió en mi mente, y desde entonces no he vuelto a beber.

Mi vida es distinta, la relación con mi tía terminó ya hace más de treinta y cuatro años. Estoy casado con una gran mujer que me ha ayudado en todos los aspectos, sigo yendo a los grupos de AA todos los días. Me gustaría morir sin volver a beber alcohol, pero esto es, de "un día a la vez", no podemos predecir el mañana, sólo nos queda vivir el hoy, y eso es lo que yo hago.

He dejado de culpar a otros por mi pasado, sé que soy

y seré un alcohólico para toda la vida, sé que padezco de esta perversa enfermedad que no tiene cura. Me he dejado guiar por el programa de AA. He tratado de seguir las sugerencias, he tratado de enmendar algunas cosas que hice mal. Se me dice que es probable que cometa errores, que mi mente me traicionará, que fallaré en algunas decisiones, pero ahora que ya no bebo, será más fácil el poderlas enmendar.

No vivo como me gustaría vivir, no tengo lo que me gustaría tener, pero todo lo que tengo, lo quiero. Sé que nada me llevaré el día que yo muera, lo único que hago es disfrutarlo, esto incluye a mi esposa, hijos, nietos y bisnietos y toda mi familia, animales y demás cosas que se me ha permitido tener.

Doy gracias a ese Poder Superior tal como yo lo concibo, que me permitió llegar a los AA, a los grupos y compañeros que han sabido guiarme por este camino.

En esta estadía dentro de AA, he intentado devolver lo que a mí se me ha dado, tratando de llevar este mensaje de esperanza a algunos que lo necesitan.

Amigos que me leen, se puede dejar de beber, no te desanimes. Trata de asistir a un grupo de AA y entre más pronto, mejor.

GUSTAVO F.
Altadena, California

CAPÍTULO TRES

AA EN LA CÁRCEL
LIBRE DETRÁS DE LAS REJAS

Muchos alcohólicos encarcelados no se consideran prisioneros, sino convictos. En la cárcel han encontrado la sobriedad y, a través de la práctica de los Doce Pasos, han podido vencer el profundo resentimiento que los llevó a cometer un crimen. Sus historias describen ese extraordinario viaje en el que, al encontrarse a sí mismos, han descubierto la libertad infinita del espíritu.

En este capítulo encontramos la historia de un hombre que, a causa de un crimen que cometió, vive con una bala incrustada en el cerebro. Dentro de la cárcel ha descubierto que, aunque su libertad física está en manos de las autoridades, su libertad espiritual está en manos del Poder Superior que encontró en AA ("Un disparo de madrugada"). En "Trágico desenlace" un alcohólico, cumpliendo una condena en una institución de California, cuenta que en la profundidad de su derrota ha encontrado la fuerza para enfocarse exclusivamente en su sobriedad.

Un disparo de madrugada
SU PASIÓN LO LLEVÓ A COMETER EL PEOR CRIMEN

L a verdad es que no sé por qué vine a este país. En México tenía un buen trabajo, mantenimiento de computadoras, que era muy bien pagado. Pero mi mamá me convenció de que debía acompañar y cuidar a mi hermano menor al cruzar la frontera entre Estados Unidos y México, yo tenía casi veintidós años de edad.

No me gustó mucho la idea, mi hermano se rebeló desde que salimos de mi pueblo en el estado de Oaxaca y durante todo el camino tuvimos problemas.

Para hacer la historia corta, al llegar a los Estados Unidos, y ya reunidos con mis otros dos hermanos, empezamos a trabajar juntos, como lavaplatos y ayudante de mesero, en un restaurante en California.

Al poco tiempo conocí a una muchacha estadounidense de origen hispano, nos hicimos amigos de inmediato y empezamos a salir juntos.

Ella me ayudaba a traducir del español al inglés para que el administrador del restaurante me entendiera. En ese momento yo no me daba cuenta que ella consumía drogas y que era alcohólica.

Yo había probado un poco de alcohol en México, y me dio curiosidad. Pero aquí en Estados Unidos, envuelto en esta relación, empecé a consumir más y, a la vez, a experimentar con otras sustancias tóxicas.

Creo que todo pasó sin querer, nunca había estado con una muchacha tan perfecta, tan bonita, parecía una modelo.

Un día después del trabajo —nos caíamos bien, nos llevábamos bien— en el autobús, me sugirió irnos a un hotel, a pasar un buen rato. ¡Yo no lo podía creer! Sin saberlo, ese fue el principio de mi derrota en la vida.

Ese día pasamos unas horas en un hotel barato. Todo fue perfecto, tanto que me dije a mí mismo, ¡Ya soy de Estados Unidos! ¿Por qué no vine antes? Pero esa alegría, al paso de unos meses, se transformó en una pesadilla.

Comenzamos a convivir más íntimamente, estábamos siempre juntos, de un lado para otro yo empecé a descubrir Estados Unidos con ella. Pero también descubrí, durante esos pocos meses que la conocí, que ella era adicta al sexo, al alcohol y otras substancias.

Y yo, para poder seguir estando con ella, decidí hacer lo mismo. Cuando compartía con sus amigos, todos tomábamos alcohol y aunque sus amigos hablaban inglés y yo no, se convirtieron también en mis amigos y conocidos.

En aquel tiempo yo pensaba ¡Qué hermosa vida tengo! ¡Me siento feliz, me siento bien! Tengo una mujer hermosa, ¿Qué más puedo pedir? Bueno, todo salió mal.

Al poco tiempo andaba en la calle comprando estupefacientes por mi cuenta. Ya no esperaba que me los dieran, yo los compraba junto con el alcohol, para nosotros dos. Nunca paraba de decir ¡Esto es vida!

Nunca dije que no, me sentía alegre, pero comencé a convertirme en un alcohólico y adicto, me transformé en otra persona, irreconocible.

Faltaba al trabajo porque prefería estar con ella. De día, de noche o de madrugada esperaba su llamada para emborracharme y tener sexo. Me gastaba lo poco que tenía en comprar cervezas y pagar un hotel.

Al poco tiempo ya no tenía dinero para mi renta, pues trabajaba muy poco. Estaba esperando que me despidieran. Mis hermanos pensaban echarme del apartamento donde vivíamos juntos. Esto nunca se me ha olvidado, defraudé a mis hermanos también. El dinero que ahorré con ellos, y que me dieron a guardar, me lo gasté con esta muchacha y sus amigos.

Ese día fue mi fin. Había llegado a usar dinero que no me pertenecía, para usarlo en mis vicios y diversiones. Mi vida se estaba rompiendo en pedazos, pero yo seguía pensando: "Bueno, la tengo a ella, que me comprende".

Pasaron unos tres o cuatro meses hasta que un día, de pronto, me dijo iba a intentar regresar con su novio "de verdad". Me dijo que yo no sabía mucho de sexo y que me tenía que enseñar todo, en cambio su ex novio, "él me enseña a mí".

Eso me dolió mucho, yo había perdido a mi familia por ella. Pero cuando la perdí a ella, no sé, todo se me acabó.

Me iba a quedar solo. Alcohólico, enfermo y sin familiares que confiaran en mí.

Recuerdo que sentí que estaba soñando, así todo se me hacía más fácil.

El día de mi crimen tenía pensado quitarme la vida, pero quería quitársela a ella también. Quería escapar de este mundo con ella.

Yo siempre traía una pistola conmigo, para protegerme. Pero ese día tenía planeado usar la pistola contra mí y contra ella.

Esa noche, después de ir a varios bares a tomar principalmente alcohol y consumir todas las sustancias que pude, concluí que esa sería la última noche juntos.

En la madrugada, al despedirme, saqué la pistola y le disparé. Después puse la pistola en mi sien y apreté el gatillo.

Desperté en una camilla en el pasillo de un hospital, viendo cara de personas — eran doctores y enfermeras. Me dolía mucho la cabeza y me había orinado en los pantalones. Me dieron pastillas para el dolor y evitar ataques "epilépticos". Permanecí durante una semana en una silla de ruedas.

No pudieron sacarme la bala del cráneo, se quedó incrustada ahí, porque era más peligroso sacar la bala de la cabeza que dejarla. Hasta la fecha la tengo conmigo, después de casi dieciocho años en prisión.

A la semana me arrestaron y me llevaron a la cárcel del condado. Desde el primer momento me arrepentí de lo que hice, ya estaba sobrio. A las dos semanas de lo ocurrido, la muchacha murió. Fui sentenciado de dieciocho años a cadena perpetua.

Toda mi vida en la prisión ha sido un despertar espiritual. Desde el primer momento que pisé la cárcel, quise cambiar. Ya llevo casi dieciocho años en Alcohólicos Anónimos, y me arrepiento inmensamente de mi crimen.

Durante los primeros años, aunque ya llevaba un tiempo en Alcohólicos Anónimos, mi conciencia no me dejaba en paz, yo no podía perdonarme. Hasta que entendí que sólo mi Poder Superior podía perdonarme.

Hoy en día, después de casi dieciocho años en prisión, estoy en paz. Lloré muchas veces pensando en lo que sucedió. Pero lo he superado. Confesar mi crimen lo ha hecho menos pesado en mi conciencia.

Claro, los familiares de la víctima de mi crimen nunca me han perdonado por haberles quitado un ser querido. Siempre me lo reclaman ante las autoridades cuando estoy cerca de poder recibir una posible fecha de libertad.

Durante muchos años se me ha negado la libertad física, pero apenas hace algunos años, siento que he logrado una libertad espiritual, después de buscarla por mucho tiempo.

Mi hermana, por el teléfono, lloraba por mí, lloraba en la visita, antes de irse, y durante el camino a su casa. Decidí cambiar desde el primer día que entré en la prisión, no tomar alcohol por el resto de mi vida.

Pero aunque físicamente no tenía alcohol en mi persona, no entendía el significado de la libertad espiritual.

¡Quiero cambiar! Tengo un enorme deseo de ir a grupos de Alcohólicos Anónimos tanto dentro y fuera de la prisión, si algún día llegase a salir.

Apenas hace dos meses me acaban de encontrar preparado para salir de la prisión hacia México, mi país de origen, pero esa fecha de libertad física no es definitiva. Mi libertad física está en las manos de las autoridades de California, pero mi libertad espiritual está en mi Poder Superior.

Les deseo una feliz recuperación y mucha fe en un Poder Superior como nosotros lo entendamos para practicar el último de los Doce Pasos: "Ayudar a otros alcohólicos con nuestras historias de experiencia, fortaleza y esperanza".

Un día intenté quitarme la vida. Hoy siento que la vida me ha dado mucho; y todo gracias a mi Poder Superior. Entendí que el hecho de estar vivo —para muchos alcohólicos— es ya una bendición.

Aprendí que el grupo de Alcohólicos Anónimos es mi familia. Que no es un grupo religioso, el grupo de AA está abierto para alcohólicos ateos, criminales arrepentidos, prostitutas que quieren cambiar, todos aquellos de quienes la sociedad desconfía, pues aunque estemos considerados como la basura del mundo, podemos cambiar, tan sólo necesitamos una segunda oportunidad.

Un alcohólico en recuperación y criminal arrepentido.

ANÓNIMO
San Luis Obispo, California

Internada

LEYENDO LA VIÑA ENCUENTRA FORTALEZA Y
SABIDURÍA PARA SEGUIR CON SU RECUPERACIÓN

Tengo veintitrés años y me encuentro en la cárcel cumpliendo una condena de un año por andar manejando borracha.

Comencé a tomar a los catorce años, bebía cuando ibamos de vacaciones a México, en Navidad y en Año Nuevo. Supe lo que es una laguna mental el día que cumplí veintiún años. Ese día me tomé tres botellas de tequila y mucha cerveza.

Desde ese momento comencé a beber sin parar, hasta que tuve el accidente por el cual estoy presa. Esa noche fuimos con mi novio a la casa de su amigo, ahí, ya con unos tragos demás, inicié una discusión y decidí irme.

Llamé a un amigo para que viniera por mí y como mi amigo también estaba tomado —en ese tiempo casi todas mis amistades bebían— me pidió que yo manejara.

Todo esto ocurrió en la ciudad de Pasadena, me puse a manejar en dirección a la autopista, iba a unas sesenta y cinco millas por hora cuando perdí el control y me estrellé en contra de una pared.

La policía y los bomberos llegaron de inmediato y nos trasladaron al hospital. Gracias al Poder Superior estamos vivos, mi amigo con una herida en la cabeza que requirió diez puntadas, además de cuatro costillas rotas y yo con el tobillo izquierdo roto y un hombro lastimado.

Cuando salí del hospital lo primero que hice fue buscar un directorio de teléfono y así encontré mi salvación en un grupo de AA. Me di cuenta que mi vida iba por mal camino. Comencé a asistir a las juntas y me di cuenta que no estaba sola con esta enfermedad.

En los grupos he recibido mucho apoyo para mi recuperación y cuando salga, voy a buscar un padrino para practicar los Pasos. Soy una nueva mujer con metas y logros que quiero cumplir. Quiero darle gracias a La Viña porque me he identificado con sus historias, al leerlas crezco como mujer.

ERIKA O.
Lynwood, California

Fui un hombre violento
DENTRO DE LA PRISIÓN, Y EN AA, SE RECONCILIA
CONSIGO MISMO

Soy nacido y criado en El Salvador, Centroamérica. Después de haber estado en muchas prisiones de California, las tormentas alcohólicas me arrastraron a la prisión de Tehachapi, en California, donde vivo desde junio del año 2008.

En mi país hay muchos lugares de doble A, pero la trashumancia crónica y esta enfermedad tóxica que padezco, no me permitieron ponerle atención, ni mucho menos leer alguna revista o libros de AA. Es sólo ahora que he estado asistiendo a las reuniones de Alcohólicos Anónimos.

Desde el año 1987, cuando le quité la vida a una persona y fui condenado de por vida en prisión, no había aceptado la realidad de corazón. Ni había tomado en cuenta mi responsabilidad como una persona egoísta y llena de odio, incluso para con mi propia familia.

Primeramente les confesaré mi historia de vida alcohólica. Me crié con mi abuela y desde muy temprano en mi niñez preguntaba por mis papás. Recuerdo que cada vez que preguntaba por mi mamá una señora me cargaba en sus brazos y me contestaba "no sé", dándome de comer para distraerme.

Cuando tenía alrededor de ocho años de edad vi a mi tío borracho con sus amigos en la tienda.

Tiempo después en una fiesta de final de año mi tío, riéndose muy fuerte, y haciendo mucho escándalo, me forzó a tomar un vaso de cerveza diciéndome: "Si te lo tomas rápido, sin arrugar la cara, te voy a regalar cinco colones, para que te compres lo que tu quieras".

Me tomé la cerveza y de manera instantánea me dieron mareos, y me quedé dormido. Mi abuela me despertó al día siguiente con caldos calientes y toallas frescas en la frente. A partir de ese momento, mi tío, sus amigos y yo, nos emborrachábamos cada fin de semana.

Trabajábamos juntos en construcción, soldando polines en los techos de las casas. El sueldo de treinta colones cada dos semanas apenas alcanzaba para mantener el vicio de la bebida. Al cabo de un tiempo mi tío ya no quería pagarme mi sueldo, ni tampoco ponerme en una escuela, así se me pasó la juventud trabajando y emborrachándome con mi tío y sus amigos.

Cuando tenía veintiséis o veintiocho años se declaró la guerra en mi país, y llegó el momento de tomar decisiones: servirle a la guerrilla, a los militares o escapar del país. El veintiocho de febrero del año 1979 todo el país estaba de fiesta, los fuegos artificiales comenzaron y de pronto se mezclaron con las balaceras. La gente empezó a correr, algunos lloraban mientras las ambulancias, los bomberos y los soldados pasaban. Mucha gente iba con paños en la cara, había sangre y los tanques disparaban mientras los helicópteros recorrían la capital.

Desesperado por sobrevivir las balaceras me enlisté en el servicio militar, ahí aprovechaba cada licencia para beber. Me transformé en un hombre violento, sin amor al prójimo, siempre enojado, nomás pensaba en emborracharme todos los días.

Mi hermano, Noé, se dio cuenta de que mi vida estaba en peligro, que en cualquier momento me podían matar. Tuvo que trabajar muy duro para mandarme dinero y así yo inmigrar a los Estados Unidos.

Aun así mi vida no cambió, fue peor, fue entonces que cometí el crimen y fui procesado en la corte con diecinueve años a vida en prisión.

Finalmente mi historia alcohólica sigue, con tratamientos médicos por mi estómago que está muy dañado y al mismo tiempo luchando con mi confusión sexual. Algunos presidiarios me miran muy bien, otros con murmuraciones, pero no me molesta, ni me importa porque Alcohólicos Anónimos me acepta tal y como soy. Lo más importante es estar sobrio. Gracias AA.

JOSÉ E.T.
Tehachapi, California

Trágico desenlace
ERA SU DÍA DE DESCANSO Y FUE SU ÚLTIMO DÍA LIBRE

Les escribo desde una prisión estatal de California. Me encuentro pagando una condena de quince años a cadena perpetua, por haber cometido un crimen bajo la influencia del alcohol y las drogas.

La razón por la que les escribo es para compartir con ustedes y con todos los que aún están sufriendo de la enfermedad del alcoholismo, mi experiencia vivida como alcohólico, y de cómo, a consecuencia de mi vida ingobernable, me vi envuelto en un crimen por el cual estoy cumpliendo una larga condena.

Espero que con mi testimonio, muchos alcohólicos tomen conciencia y busquen ayuda en AA para evitar el sufrimiento a sus seres queridos y a otras personas.

Nací en la ciudad de México y, como en toda gran ciudad, el alcohol y las drogas son el pan de cada día. Crecí viendo este estilo de vida y lamentablemente yo también caí en este mal camino.

Mi primer contacto con el alcohol fue a los trece años en una fiesta familiar. Recuerdo que ese día mis amiguitos y yo nos bebimos cada uno una cerveza a escondidas de nuestros padres. Tengo que mencionar que me gustó mucho lo que sentí al experimentar el alcohol en mi sistema.

Después de esta experiencia transcurrió aproximadamente un año para que yo emprendiera mi caminar como alcohólico y drogadicto.

A través de uno de mis cuñados y un amigo de la infancia, que ya era miembro de la pandilla de mi barrio, tuve mis primeras experiencias con estupefacientes e inhalantes, a la edad de catorce años. Comencé a relacionarme con las malas compañías aprovechando la ausencia de mis padres, ya que ambos trabajaban para sustentar nuestro hogar.

En esa época me hice miembro de una pandilla. Admito que me gustó el ambiente que vivía con estos "amigos", pero, sobre todo, me encantó el placer que sentí al mezclar el alcohol con las drogas.

Recuerdo que, al principio de mi carrera como alcohólico y drogadicto, después de haber bebido mucho, me despertaba como si nada, sin resaca o cruda. No sé si era porque era muy joven o porque apenas comenzaba con mi enfermedad. Por supuesto que esto fue pasajero porque después llegaron las crudas morales y las lagunas mentales. Mi adicción creció como la espuma y poco a poco me hice un codependiente de estas substancias.

En aquel entonces mis padres hicieron todo lo que pudieron para que yo cambiara mi vida y me alejara de mis malos hábitos. Me llevaron con psicólogos, con brujos y hasta me internaron en un grupo de AA de veinticuatro horas en el cual permanecí tres meses. Nada de esto funcionó porque yo nunca puse de mi parte para cambiar. Ahora sé que si yo hubiera tomado en serio mi estancia en AA y hubiera aplicado los Doce Pasos en mi vida, yo no estaría pasando este sufrimiento.

En aquel entonces pensaba que todavía no era tiempo para cambiar, porque aún era muy joven y todavía me faltaba mucho camino por recorrer.

A la edad de dieciséis años me junté con una muchacha muy buena y aunque mis padres no estuvieron de acuerdo con mi decisión de juntarme con ella, pensaron que, al tomar esta responsabilidad, yo cambiaría mi vida. Obviamente esto no fue así.

Esta valiosa mujer me aguantó todo, mis vicios, malos tratos, infidelidad, y hasta hambre. Por mi irresponsabilidad perdimos a nuestro primer bebé.

Por atender mis deseos adictivos nunca fui lo suficientemente responsable con mis obligaciones para con ella. A pesar de la mala vida que le di a mi mujer, ella me dio la dicha de ser padre por segunda vez. Nuestras familias creyeron que con la llegada de mi hija, ahora sí, yo sería otro, lamentablemente seguí siendo el mismo.

Durante siete años viví una vida activa de alcohol y drogas, seis años en México y un año aquí en California. A la edad de veinte años inmigré a los Estados Unidos acompañado de mi alcoholismo y mi drogadicción. Dejé mi tierra con la ilusión de hacer una nueva vida, pero con lo que nunca conté fue que mi problema con el alcohol y las drogas aumentaría, ya que aquí es más fácil obtener ambas cosas.

En el año 1997 llegué a Los Ángeles, California, muy ilusionado y con muchas ganas de trabajar para poder sacar adelante a mi familia. La suerte estaba de mi lado porque a los días de haber llegado encontré trabajo. Aunque sentí una gran satisfacción al recibir mi primer sueldo en dólares, la alegría duró muy poco porque empecé a beber sin control.

Tomaba poniendo de pretexto que estaba solo, lejos de mi mujer y de mi hija, de mis padres y de mi tierra. Pero a causa de mi adicción dejé de enviarle dinero a mi familia. Lo que ganaba me lo gastaba en consumir. Mi estancia en Los Ángeles sólo duró un año, ya que participé en un lamentable crimen.

Ese trágico día yo me dispuse a disfrutar de mi día de descanso con una carne asada, en la compañía de mis compañeros de vivienda. Obviamente el alcohol y las drogas fueron parte de esta convivencia. Después de haber estado en esta carne asada, bebiendo y usando drogas, me fui a mi apartamento para seguir bebiendo.

Por la noche seguí tomando con mi cuñado y un conocido. Hubo una discusión entre este conocido y yo, y comenzamos a pelear, los tres estábamos muy borrachos. La pelea tuvo un final trágico y en pocos minutos fui arrestado.

Nunca había estado en la cárcel, pero ahora sé que con el estilo de vida que llevaba, tarde o temprano iba a cometer un crimen como el que hice. Siento mucho el gran dolor que ocasioné por mi irresponsabilidad y por mis malas decisiones. Pero, sobre todo, me siento mal por no haber puesto de mi parte cuando se me brindó la ayuda adecuada para abandonar mis malos hábitos.

Aunque es una vergüenza para mí haber tocado fondo de

esta manera, este sentimiento también es una fuerza que me motiva a seguir adelante para hacer lo correcto, enfocándome exclusivamente en mi sobriedad.

Desde hace catorce años mi sobriedad es la prioridad número uno. Gracias a AA he podido encontrar mi sobriedad, apegándome a mi Poder Superior, Dios, y llevando el mensaje a otros alcohólicos y practicando los principios de AA en mi vida.

Sé que de esa manera podré mantenerme sobrio, porque ahora, más que nunca, amo mi sobriedad, porque en sobriedad puedo distinguir quién soy yo, y quién era la persona que acostumbraba a ser en el pasado. Ahora puedo ver la diferencia, cuando me encontraba bajo la influencia del alcohol yo pensaba que estaba en control. Me doy cuenta que estaba equivocado, estando sobrio sé lo que estoy haciendo.

Los Doce Pasos contienen las herramientas que AA me ha brindado para llevar una vida plenamente sobria, y sé que el día que salga de aquí aplicaré a mi vida cada uno de los Doce Pasos, pero, sobre todo, me dedicaré a mi Poder Superior, Dios, para obtener la fortaleza y la fuerza de voluntad adecuada para seguir viviendo una vida sobria.

En conclusión, espero que mi testimonio sirva de ejemplo para muchos alcohólicos que aún padecen de esta enfermedad mortal y progresiva. Ojalá ellos busquen ayuda en AA para que se eviten años de sufrimiento.

Gracias por darme la oportunidad de compartir mi experiencia y felices veinticuatro horas.

CARLOS R.
Blythe, California

Practicar el Paso Doce me hizo libre en la cárcel

UN GRUPO DE HABLA HISPANA EN LA CÁRCEL, LO AYUDA A MANTENERSE SOBRIO

Me encuentro prisionero en una cárcel federal en la ciudad de Miami. Cuando llegué a esta institución lo primero que pregunté fue si había un grupo de AA. Lo único que existía era una reunión en inglés que llevaban a cabo algunos miembros del Comité Institucional del Distrito de la Florida que nos visitaban semanalmente. Ellos se reunían (y siguen reuniéndose) los jueves de seis p.m. a siete p.m. Les agradezco mucho a nuestros compañeros de AA de habla inglesa por llevar a la cárcel el mensaje salvavidas de Alcohólicos Anónimos.

Como soy alcohólico hasta la médula, y he sufrido en carne propia los estragos y las consecuencias que ocasiona esta devastadora enfermedad, asisto todos los jueves a las reuniones en inglés. Para demostrarle a AA la enorme gratitud que siempre está conmigo, tomé a bien buscar ayuda para formar un grupo en español y de esa manera hacer posible nuestra misión de ser conductos de la recuperación en AA.

En la sesión de orientación para explicarnos cómo funciona la administración de esta institución, un hombre habló acerca de las drogas y del alcohol. A mí eso me motivó pues sufro del doble estigma del alcohol y de las drogas. Cuando me tocó el turno de hablar, dije que estaba interesado en formar un grupo de AA en español. El señor me sonrió y me invitó a que pasara por su oficina, localizada en el departamento de psicología de la prisión. Fui a verlo a la brevedad y le planteé mis intenciones. Me remitió a la jefa del programa de abuso de drogas y alcohol, quien me brindó todo el apoyo y la colaboración necesaria en dicho asunto. Con mucha amabilidad la señora me pidió que le presentara un plan para tener una idea de cómo iba a funcionar la reunión. Ahí mismo le expliqué que nosotros, los alcohólicos anónimos, sólo necesitamos los Doce Pasos, las Doce Tradiciones y los Doce Conceptos nuestros y que nuestro más ferviente deseo es ser útil para llevar nuestro mensaje por doquier.

Fue así como se hizo posible que ahora nos reunamos entre treinta y cuarenta y cinco personas todos los miércoles de siete y treinta a nueve p.m. y todos los viernes a la misma hora. Y aunque sigo preso, me siento como un hombre libre gracias a la práctica de nuestro programa y, en especial, a la práctica del Paso Doce.

JOSÉ C. O., F.C.I.
Miami, Florida

No soy un prisionero sino un convicto

HOY TIENE LA CAPACIDAD DE HACER LO MEJOR PARA SÍ MISMO Y LOS DEMÁS

Estoy en la prisión desde hace veinte años. Me arrestaron al día siguiente de mi última borrachera, y desde entonces, con la ayuda de mi Poder Superior, practicando los Doce Pasos y las veinticuatro horas de sobriedad, no he tomado nunca más.

Después de mi llegada a los Estados Unidos me convertí en un alcohólico sin darme cuenta, tomaba a diario y nunca supe del daño que le estaba haciendo a mi familia y a mí mismo. Como la mayoría de los alcohólicos siempre tenía excusas para tomar, hasta que terminé encerrado en la prisión. Entonces desperté del sueño profundo y en 1994 por primera vez participé en el programa de Alcohólicos Anónimos.

Les puedo asegurar que sí funciona, aunque admito que al principio participaba en el programa para recibir el cromo que nos daban, pero cuatro años después, ya en la prisión de San Quintín, empecé a poner más atención e interés en este maravilloso programa.

Pude contestar mis preguntas acerca de lo que significa ser alcohólico leyendo la literatura y también animando a otros compañeros a que formaran parte del grupo.

Descubrí que yo necesitaba ayuda, tenía que ayudarme a mí mismo para después ayudar a otros. Yo necesitaba mi grupo mucho más de lo que yo creía. Tal vez algunos no lo comprendan, pero la verdad es que le doy gracias a Dios que terminé en prisión: a mí no me arrestaron, a mí me rescataron del mundo en que vivía.

Hay una frase muy conocida que dice: "Si andas en la miel, pues te persiguen las abejas", andaba mal y terminé en problemas y fui al "hoyo" por nueve meses. Sentí que una vez más había defraudado a los que yo motivaba y sobre todo a mi familia.

Allí en ese lugar tuve otro cambio muy grande y de mucha importancia en mi vida. Me di cuenta que yo tenía que cambiar, saber quién soy yo y qué es lo que quiero. Hoy en día tengo una mejor noción de mí mismo, de mi vida, y de lo que debo seguir haciendo en el grupo de AA.

Cada sábado participo en el grupo y tengo siempre en mente que el Primer Paso fue el más duro y difícil, pues no quería aceptar que tenía un gran problema de alcoholismo. Gracias a Dios y a mis compañeros, sigo firme y trabajando los Doce Pasos y las veinticuatro horas.

Hoy en día puedo decir que he aprendido a vivir la vida sobrio, y de las malas experiencias, aprender cosas buenas.

Antes de despedirme, les cuento que no tengo comunicación con mis dos hijos varones, solamente con las niñas, ellos están muy resentidos porque los abandoné.

Aunque no me hablan, les escribo mucho y les tengo siempre en mi corazón y oraciones. Esto me da un dolor muy grande, pero a la vez es un motor que me hace seguir adelante luchando por el amor a mis hijos, y darle la mano a quien lo necesite.

Ya no soy un prisionero, sino un convicto, porque estoy preso físicamente, pero libre de hacer lo mejor para mí y mi familia.

Nuevamente, mil gracias y felices veinticuatro horas, hoy no he tomado.

EUGENIO P.
Soledad, California

CAPÍTULO CUATRO

LA MUJER EN AA
PARA ELLAS, LA RECUPERACIÓN
TAMBIÉN ES UNA PRIORIDAD

Con frecuencia, las mujeres hispanas sienten miedo de ser estigmatizadas por declararse alcohólicas y pertenecer a un grupo de AA. Sin embargo, en las historias que a diario recibimos para publicar en la revista, muchas mujeres testifican con asombro que AA ha transformado vidas que creían irremediablemente torcidas, devolviéndoles la dignidad que les arrebató el licor.

Aún en recuperación, una de las cosas más difíciles de navegar para los alcohólicos, son las relaciones conyugales. Los fracasos de nuestras relaciones íntimas son, muchas veces, utilizados por los alcohólicos como una excusa para beber. Algunas mujeres en el programa encontraron que, en sus matrimonios fracasados, siempre se repetían los mismos problemas ("Parejas disparejas".) Pero también encontramos en este capítulo historias conmovedoras, como la de una compañera que tuvo la oportunidad de compartir con la madrina de su madrina y con la ahijada de su propia ahijada, o lo que ella llama "amadrinamiento en ascendencia y en descendencia".

Mi primer amor
QUISO Y DEFENDIÓ AL ALCOHOL HASTA QUE LA DERROTÓ TOTALMENTE

Lo conocí a los cinco años. Era la época de la guerra en El Salvador a principios de los años ochenta. Jugando a las casitas, hice una casa de plástico con las botellas que mi papá dejaba y, además, juntaba los poquitos de trago que sobraban. Fue amor a primera vista.

Yo provengo de una familia pobre compuesta de seis hijas y dos hijos. Soy una de las menores. Me sentí afortunada de no haber sido de las mayores. Mis hermanas sufrieron más a causa de los golpes que mis padres les daban. Mi mamá era una mujer frustrada aunque muy valiente. Mi papá era un hombre violento aunque muy trabajador.

Nunca pasamos hambre. Lo que sí nos hacía sufrir era el maltrato que mi madre sufría a manos de mi papá cuando él llegaba borracho. Le pegaba con lo que encontraba a la mano. En una ocasión la quemó con un leño ardiente. Esos fueron hechos que nunca olvidé y a muy temprana edad conocí el odio y el rencor.

Estaba segura de que cuando creciera no iba a ser igual a mi padre y que nunca me iba a casar con un borracho. Perdí a mi madre a los nueve años. Debido a la muerte de una de mis hermanas en los Estados Unidos, ella había tenido que viajar. Estaba entonces enferma de cáncer. En el norte se terminó de empeorar sin tratamiento médico adecuado. Buscó ayuda cuando ya era demasiado tarde: la enfermedad era de tercer grado y ya no se podía hacer nada. El golpe más fuerte fue cuando me dijeron que mi mamá tenía tres meses de vida. Pensé también que mi vida terminaría allí. Antes, aunque fuera de lejos, sabía que tenía a mi madre a quien tanto quise: ella era mi baluarte. Y aunque nadie lo notó, el día que ella murió, la fortaleza, la esperanza y la luz, se me fueron. Me sentía sola. Empecé a faltar a la escuela, no tenía interés en nada y no quería permanecer en mi casa.

Se me dio la oportunidad de viajar a los Estados Unidos un verano, cuando tenía trece años. Era lo que deseaba. No quería volver a ver al hombre al que culpaba por la muerte de mi madre. Empecé a ir a la escuela donde no encajaba con nadie. Me metí en algunos problemas de menores consecuencias; nada grave, por la gracia de Dios. Estuve en la cárcel de menores por un día y no me gustó. Me dieron libertad provisional y pude salir del problema.

A esa edad ya había descubierto algo que me hacía olvidar un poquito. Mi hermana, con la que vivía, traía botellitas de licor de las que daban en los hoteles. Empecé a destaparlas, las tomaba y las llenaba de agua. Así parecían llenas de licor y pensaba que nadie se daría cuenta de que yo me las había bebido.

Conocí a mi primer esposo a los dieciséis años y pensé que era lo que necesitaba: alguien con quien compartir mi vida, que le gustara el juego, el vino, que no me dejara trabajar. Poco después de tener a mi primer hijo, comencé a tomar tanto como si pensara que el licor se fuera a acabar. Comencé a tomar sólo los fines de semana para acompañar a mi esposo los días de descanso. Y al poco tiempo me la pasaba tomando día y noche sin saber qué hora era.

Me aislé de la gente, me encerraba en el cuarto, no quería saber nada de nadie, pensaba que al fin y al cabo nadie me quería. Salía a la medianoche a comprar licor a la tienda más cercana. Caminaba porque me daba miedo manejar. Temblaba, sudaba, me dolía el cuerpo y empezaba a escuchar música en la cabeza. Pensaba en quitarme la vida, pero tenía miedo de no lograrlo y que me fuera a doler. Salía a caminar sin rumbo por la ciudad durante horas, hasta que de nuevo regresaba a la casa.

La relación con mi esposo iba de mal en peor: no atendíamos a nuestro hijo y peleábamos todos los días. Me separé de mi esposo porque consumía drogas y porque creía que mi problema era él. En una ocasión me quiso matar porque yo lo abandoné. Lo metieron a la cárcel. Pensé que las cosas me iban a ir muy bien, ya separada de mi problema, pero al poco tiempo estaba en lo mismo. Perdía empleo tras empleo, mi salud empeoraba y ya tenía que ir al hospital para recuperarme. Pasaba noches sin dormir, días sin comer, tenía delirios, mis hermanas temían que muriera en una de esas crudas o resacas.

Ya casi empezaba a entender qué era lo que me pasaba, después de estar internada en un sanatorio por una semana. De allí salí dispuesta a dejar la bebida. El doctor me dijo que si prometía no volver a beber me daba de alta. Se lo prometí, pero me dijo que no me veía muy segura y me dejó allí otro día. Al salir, compré una cerveza. Cada vez iba cambiando de bebida: comencé con Kahlúa, después mi brandy favorito y luego lo que fuera, dependiendo de cuánto dinero tuviera.

Una vez asistí a una junta de AA. Mi hermana pensaba que tenía problemas con la bebida y dijo que me iba a llevar. Cuando fuimos, yo estaba temblando de una gran cruda. No puse atención, no me quise quedar y volví a beber. Cada vez era peor y las crudas me duraban más. Regresé a AA y permanecí casi un año. Fui a ver a un terapeuta y tomaba medicamentos para la depresión. Pensé que ya no necesitaba el grupo de AA. Otra vez caí en lo mismo.

Pasé muy borracha y encerrada la Navidad de 2002. No quería que nadie se diera cuenta que estaba tomando otra vez. Empecé el veintidós de diciembre y todavía estaba bebiendo cuando llegó el treinta y uno. Mi familia se dio cuenta; como en otras ocasiones, llegaron a recogerme para llevarme a su casa y mantenerme vigilada. Toda la gente celebraba el Año Nuevo y yo no le encontraba gusto a nada. Había perdido la fe en mí misma y no encontraba la salida.

Mi hijo me suplicaba que no tomara más y yo le prometía no volverlo a hacer. El pastor de la iglesia también, y yo no cambiaba. El niño estaba cansado y a veces me decía: "Vamos a comprar alcohol y te lo tomas aquí; así no tienes que salir más tarde".

Una vez que mi niño dormía me dio una gran depresión y quise morirme. Al mirarlo me di cuenta de todo el daño que su padre y yo le habíamos causado. En un año había asistido a tres escuelas diferentes. Un día, después de la escuela, me estuvo esperando afuera durante varias horas en medio del frío. Yo me había dormido de la borrachera y cerrado la puerta con llave. Otra vez me dijo que se quería morir y yo no entendía por qué. Esa noche sería la última cruda y decidí dejar a mi primer amor. Al día siguiente estaba en el grupo diciéndole a los compañeros lo mal que me había ido con el alcohol y que quería su ayuda.

Regresé a AA el dos de enero de 2003. Desde entonces no me aparto del grupo. Tengo muchos compañeros que están allí para escucharme cuando lo necesito. Tuve que ser derrotada totalmente por el alcohol al que tanto había querido y defendido por mucho tiempo. Ahora sé que sí soy importante y que sí tengo quien me quiera. Ahora tengo tres hijos, dos de mi segundo matrimonio, a quienes dedico mi vida. Quiero dar gracias a Dios, a mi familia, a los compañeros de AA y al padre de mis hijos menores por todo el apoyo que me han brindado. Que Dios los bendiga a todos.

SONIA A.
Reno, Nevada

Parejas disparejas
¿POR QUÉ EN CADA MATRIMONIO SE REPETÍA LA MISMA ESCENA?

No recuerdo cuándo perdí el control con mi manera de beber, sólo que cerca de la escuela había una tienda donde la encargada nos vendía cervezas y nosotros, para que la gente no nos descubriera, las echábamos en bolsas de plástico para tomarlas con popote durante las clases.

Mis problemas sociales desaparecieron, pero llegaba al salón de clases bien borracha. Una vez insulté a la Prefecta de la escuela y me expulsaron por cinco días.

Mi mamá frustrada me pegó y me ridiculizó delante de todos. Creció el resentimiento en contra de mis padres, y mi conducta empeoró.

Me casé muy joven, embarazada, tuve que enfrentar mis responsabilidades, pero cuando había problemas la solución siempre era el alcohol. Después de haber tenido tres hijos descubrí que mi marido era homosexual y que me engañaba con otro hombre.

Sorprendí a mi esposo y su amante en el acto, en mi cama, y no supe qué hacer, salí corriendo. Eso marcó mi vida para siempre, pensaba que todo había sido mi culpa, "¿qué había hecho mal?, ¿en qué había fallado?".

Mis amigos decían que con un tequila todos mis problemas pasarían, entonces recurrí al alcohol para enfrentar esa situación que para mí era tan difícil.

No encontraba consuelo y me casé de nuevo. La situación fue diferente, ya que tomábamos juntos. Pero como yo tenía los defectos de carácter a flor de piel, los conflictos nunca desaparecieron.

Un día mientras bebíamos en compañía de un amigo, mi esposo se encerró en el baño con nuestro invitado. Con mi mente a mil por hora fui a investigar qué diablos estaba pasando. Con sorpresa descubrí que se repetía otra vez la misma escena.

La solución fue el divorcio y, claro, el alcohol se convirtió en mi aliado. Perdí el sentido de mi vida, dejé de trabajar, empecé a vender mis cosas personales para pagar la renta. Después de muchas miserias convencí a mi mamá para que me consiguiera un préstamo en el banco para irme lejos.

Emigré a los Estados Unidos, con la idea de dejar ese pasado atrás, pero no fue así porque ese pasado, junto con mi alcoholismo, venía conmigo.

Durante el viaje, en el autobús, conocí a una mujer y a su

hermano. Sin saber que él era un miembro de AA, le conté parte de mi vida, y de mis problemas.

Asistí a mi primera reunión de Alcohólicos Anónimos, ya que él me dijo que había pagado por mi admisión a tres reuniones. Cuando terminé las tres asistencias me di cuenta que AA no cobra, y como soy resentida, le pregunté con mucho coraje: ¿Por qué me engañaste?, él me explicó que esa era la única manera que encontró para que yo fuese a los grupos.

No voy a negar que al principio las juntas se me hicieran muy aburridas y largas. El reloj colgado en la pared, como que trabajaba más lento. Además, al entrar, sentía vergüenza.

Pronto me identifiqué como alcohólica y empecé a compartir en la tribuna. Poco a poco, comencé a trabajar con los Doce Pasos de recuperación, y le pedí a esta misma persona que me introdujo en AA que fuera mi padrino.

Al poco tiempo sentí un cambio dentro de mí, mi vida empezó a tener sentido, me di cuenta que tenía una familia que me amaba por lo que soy, como soy, sin importar lo que fui, ni el daño que causé.

Comencé a trabajar con esos tormentos del pasado y a enfrentarlos, lo más duro fue enfrentarme a mí misma, aprender a perdonarme. Fueron muchas reuniones, horas de paciencia de mis compañeros, pero al fin superé todo eso. Por fin pude perdonar, hoy entiendo que mi vida ha sido desde la niñez una aventura, en la cual he tomado decisiones buenas y malas.

Me tocó vivir así, no tengo nada en contra de la gente con diferentes preferencias sentimentales o sexuales. Cada quien tiene el derecho de ser feliz y yo también. AA me ha enseñado una manera de vivir diferente.

Primero presté servicio dentro de mi grupo base como cafetera, luego fui coordinadora de una de las reuniones de la semana, más tarde serví como representante a la oficina general; hacer servicio ha cimentado mi sobriedad.

Tengo dos años y tres meses sin beber, hoy no me aver-

güenzo de entrar a los grupos y ya me estoy preparando para ir a
ver a mis hijos, que se encuentran en México junto con mi mamá.

AA transforma vidas, hasta las más torcidas, si tú quieres. Ha sido un gran honor y privilegio ser parte de esta gran
sociedad que me ha cambiado la vida por completo.

Sigamos hombro con hombro asistiendo a las reuniones, haciendo servicio dentro de nuestros grupos y en los comités de servicio.

ERIKA R.
Costa Mesa, California

Alquilaba mi vida a otros alcohólicos

CALMABA SUS PENAS CON ALCOHOL, PERSONAS Y LUGARES

En 1975, siendo una jovencita con muchos sueños, llegué
a la capital mexicana buscando una mejor vida y, por circunstancias que todavía no entiendo, un día, al ir a buscar a mi novio
a su trabajo, fui víctima de un enfermo alcohólico, un señor de
seguridad muy amable que me invitó a un café, me dijo que era
viudo y que estaba muy triste; él tenía cincuenta y ocho años y
yo quince. Me tomé el café y, horas más tarde, desperté en una
clínica donde se me atendía luego de haber sido violada.

Durante tres años viví secuestrada por esta persona y,
por miedo, tuve que aguantar golpes, insultos y vejaciones, pues
me tenía amenazada de muerte. Finalmente pude huir con mi
hijo de dos años a los Estados Unidos, a casa de un primo. Pero a
la semana de haber llegado, me di cuenta de que el padre de mi
hijo me estaba buscando.

Conocí a un joven a quien le pedí ayuda, pues me sentía
aterrorizada. Si él me escondía y era un buen padre para mi hijo,

yo estaba dispuesta a ser su compañera. Él aceptó y me llevó a vivir a un pequeño pueblo de California; así, a mis dieciocho años, alquilaba mi vida a otro alcohólico. Ahí comenzó mi carrera de alcoholismo, pues sólo tomando alcohol pude aceptar mi destino. Pasaron quince años de mucha pobreza, pues mi compañero estaba siempre borracho y era muy flojo. Aunque era buen padre, un día rompió el pacto que teníamos: en una borrachera insultó a mi hijo y le gritó que no era su padre. Entonces me sentí liberada y lo dejé.

Junto a mi hijo, que ya tenía trece años, comencé una nueva vida, pero al año conocí al que creí era el hombre ideal. Durante cinco años me sentí tan feliz que mi alcoholismo se redujo; me convertí en una tomadora social. Pero eso se terminó el día que descubrí que mi pareja me engañaba con la esposa de mi hermano.

Nuevamente quise calmar mis penas en el alcohol y me fui a trabajar a otro pueblo de California. Decepcionada, tomaba todos los días y así conocí a mi pareja actual, que no sólo era alcohólico sino que también abusaba de otras sustancias. Lejos de mejorar, mi vida empeoró: fueron años de vivir de manera enloquecida.

Mi hermano, quien también era alcohólico, cayó gravemente enfermo. Le pedí a Dios que lo sanara, pero a los tres meses de detectado el cáncer, mi hermano murió. Fue entonces que comencé a vivir el más terrible de los fondos. Deprimida, mi alcoholismo y dependencia se hicieron más fuertes, hasta tal punto que mi esposo y yo tuvimos que separarnos.

Nuevamente inicié una fuga geográfica: me fui a vivir a una ciudad fronteriza. Allí, sola y arruinada, sin más compañía que la de tres gatitas, decidí suicidarme. Una noche que no tenía dinero ni para tomar, até una soga a la escalera de mi casa. Recuerdo que era de noche, estaba muy oscuro y hacía frío; al ponerme la soga alrededor del cuello, una de las gatitas me saltó encima, devolviéndome a la realidad. Tomé un abrigo y me dispuse a caminar; estaba tan asustada que me refugié en una pequeña cafetería y allí esperé el amanecer. Cuando vi nacer el nuevo día, me dirigí a una iglesia y le pedí perdón a Dios, le supliqué que iluminara mi vida y me mostrara el camino.

De regreso a mi casa, me encontré con un pariente que se dio cuenta de lo mal que estaba. Él sabía de mi alcoholismo. Me contó que pertenecía a un grupo de AA y que su vida había cambiado. Acepté la invitación. Yo conocía los grupos pues, por requisito de un juez diez años antes, yo había visitado AA. Esta vez mi mente estuvo alerta y desde esa noche supe que yo era hija del capítulo quinto. Acepté que era impotente ante el alcohol y que mi vida era ingobernable. Durante tres meses asistí a las reuniones, pero me llegaron rumores de que mi esposo estaba muy mal y decidí regresar a California con mi esposo e hijo.

Hablé con mi pareja sobre la ayuda que AA nos da y, un siete de junio de 2007, llegamos juntos a un grupo. Aunque mi esposo sólo asistió a tres reuniones, yo me quedé. Dos años más tarde, varios compañeros de distintos grupos tuvimos la visión de abrir un grupo de AA en nuestra comunidad. Hoy estoy feliz de servir como RSG y RLV y de transmitir el mensaje de que sí se puede. El mensaje lo he llevado hasta mi hogar, porque a pesar de que mi esposo no asiste a los grupos se mantiene alejado de los vicios. Hoy doy gracias a Dios por estar viva y por ser parte de un todo. Doy gracias porque mi Poder Superior y este programa están haciendo por mí lo que no pude hacer por mí misma.

Felices veinticuatro horas.

GRACIELA L.
Thousand Palms, California

Preparada para lo peor
EN SOBRIEDAD TIENE QUE REGRESAR A LA CÁRCEL

Me encuentro presa en el estado de Florida, a más de dos mil quinientas millas de la ciudad de El Paso, Texas. Este año cumplo nueve años de sobriedad.

Hace quince años cometí un delito que pagué con tres años de prisión. Después de estar "libre" volví a beber. Me esperaba un encierro más tormentoso y muy pronto estaba aun más perdida en el alcoholismo. Desperté en la cárcel de la ciudad en abril del 2001. Mi hija mayor, que entonces era muy jovencita, me sacó de la cárcel. Volví a beber y no atendí a mi probatoria, fui a la corte aún tomada, alguien me dijo que mejor me fuera a casa y así lo hice.

Empecé a beber más, pues sentía vergüenza y lástima de mí misma. Ese mismo año me divorcié de mi segundo esposo, perdí varios trabajos, también perdí la fe. Mis hijas decepcionadas, la familia entera desesperada, casi perdemos la casa. Ya no quedaban escapatorias, quería cambiar pero no sabía cómo.

Meses después, por la gracia de mi Poder Superior, decidí buscar ayuda, había tocado fondo. En Alcohólicos Anónimos encontré mi objetivo en la vida y una luz de esperanza, ya no tenía que luchar contra el alcohol.

Nueve años más tarde, mientras un policía revisaba mi licencia de conducir, escuché algo que golpeó mi cabeza y mi corazón: "Tienes una orden de arresto".

Lo había olvidado, me costó un par de meses digerirlo y aceptarlo. Me sentenciaron a ocho meses en prisión. Llevo casi cinco meses esperando un traslado a Texas, quisiera estar cerca de mis hijas, pero con todo estoy en paz.

Esta serenidad la obtengo con el intento diario de practicar mi programa, con la ayuda que recibo de otras alcohólicas, también recluidas aquí. Una ciudad como Tampa donde existe una gran cantidad de alcohólicas que mueren sin esperanza. Entran y salen de la cárcel sólo para volver a lo mismo.

Para realizar una junta de AA con personas que vienen de afuera, se requiere de mucho papeleo, por lo que a veces vienen los sábados y a veces no. Con un solo libro de los Pasos y las Tradiciones, nos reunimos en mi celda, diariamente, en juntas que duran una hora. Soy la única hispana, pero nos une un mismo dolor y un mismo objetivo. Es importante estar preparadas para que al salir de aquí se sienta una verdadera libertad y la certeza de que nunca más estarás sola.

Kathy, que tenía veinticinco años bebiendo dice haber experimentado un encuentro consigo misma, lleva un plan de acción, una meta a corto plazo y la lista de grupos cerca de donde vive. Está haciendo un inventario moral, y aunque dice temer por su pronta libertad, es la primera vez que el recuerdo de los daños que le causó a sus hijos hoy no la martiriza. Sabe que es sólo por hoy.

Como ella hay otras alcohólicas que empiezan su Primer Paso. Ya han asistido a otras juntas, pero dicen querer darse otra oportunidad. Verlas a ellas en su intento diario, a mí me mantiene alerta y me da una fuerza increíble.

Cuento con el apoyo incondicional de mis compañeros que me escriben y llaman a casa, no me han dejado sentir sola, además de ellos están siempre en contacto, mis cinco hijas y mis nietas. Este es el amor incomparable que recibo gracias a este bendito programa que mi Poder Superior puso en mi camino .

Mi yerno, que es un gran admirador de Alcohólicos Anónimos, se ha convertido en otro hijo, atiende las juntas para apoyarme a mi y a mi hija, ellos y los demás familiares me esperan con amor y con paz.

Dejar de beber no es suficiente, fui negligente. Descuidé una responsabilidad muy importante que me costó mi libertad y entre otros, daños a la familia pues para ellos es difícil comprender, ya que todo en mi vida parecía estar bien. Algo que puedo reafirmar es que AA te prepara para lo peor, esperando lo mejor... si tú quieres.

MARIA V.
El Paso, Texas

Escombros del pasado
REGRESÓ AL PROGRAMA DESPUÉS DE OCHO AÑOS

Cuando me inicié en el alcoholismo, a los catorce años, abrí una puerta que me permitió poder decirles a los demás todo lo que sentía, lo que me molestaba y mis resentimientos.

En mis relaciones personales necesitaba el alcohol, así podía encontrarme con otra "yo", una mujer que no tenía miedo a nada y que podía aceptar lo que se presentara.

Cada vez que sentía despecho me embriagaba y así calmaba la frustración y tantas otras cosas. Yo justificaba todas mis acciones a causa de mis orígenes o mis relaciones personales. Como resultado de esa conducta mis dos hijos nacieron con problemas cardiacos debido al alcohol que ingerí durante los embarazos.

"Abandoné", pues así lo digo ahora —antes decía "dejé" — a mis hijos con mi madre durante once años, y aunque mandaba dinero, fallé como madre, no estuve en el desarrollo de mis hijos y me los traje a este país ya grandes.

En esos años entablé una relación con otro alcohólico quien me llevó a una junta. Empecé en AA para tranquilizarme y para no dejar a mi pareja. Teníamos una relación sin amor, tan sólo una dependencia emocional. Yo necesitaba alguien, me sentía muy sola, llegué sin creer en Dios y en nadie, ni en mí misma.

Estuve un año y siete meses sirviendo en diferentes comités, pero sólo tapé la botella, no trabajé el programa. Tenía un padrino que me dio su tiempo y esfuerzo y al que le debo ese tiempo sin tomar. Él me decía: "Háblame con la verdad y encontraremos la solución". Pero yo no le contaba todo mi dolor, la tristeza que traía desde mi infancia, mis resentimientos.

No quise decirle a mi padrino que mantenía una relación con otro alcohólico, jugué con el programa, no valoré lo maravilloso de AA. Entonces explotó mi personalidad agresiva y en un arranque de rabia "me fui" de AA, echando mil maldiciones.

Estuve fuera ocho años y seis meses, en ese tiempo me casé con la persona que había engañado y que nunca logró perdonarme nada de lo que le hice.

Viví una vida llena de reproches, ofensas y humillaciones, mi autoestima se fue al suelo, tomaba cada vez que me sentía mal. Cualquier pretexto era bueno: cumpleaños, navidades o aniversarios.

Mis hijos tuvieron que vivir parte de mi alcoholismo, mi hijo alcanzó a vivir seis meses conmigo, tuvo que regresar a vivir con su abuela otra vez, a causa de nuestras continuas peleas. Luego que su hermano se fue, vino mi hija y fue terrible. Ella también tuvo que sufrir mis gritos, acusaciones, chantajes, todo lo que tiene para dar una alcohólica, basura sólo basura.

Finalmente salí de la relación con esa pareja, y regresé a AA en junio del 2009, esta vez sola, por mí misma, buscando esa vida diferente que vivo ahora.

Tengo el mismo padrino, ahora le digo la verdad, es la persona que más me conoce, cumplí un año sin beber y mi vida ya es diferente. Uno de los mayores defectos que he tenido es la deshonestidad, algo que ya no practico, hoy soy honesta.

Trato de disfrutar mi sobriedad, mis veinticuatro horas me cuestan, saco ahora mi verdad, voy poco a poco, "fue culpable pero no responsable" eso me dijo mi padrino. Ya no debo sufrir por lo que no hice, ahora intento, día a día, de no hacer daño a las otras personas.

Me tomo el tiempo para leer, eso me ayuda a darme cuenta de que el alcohol sólo fue el complemento, yo estaba mal y mis defectos sin alcohol todavía están ahí. No ha sido fácil este regreso, pero bendito sea este programa que nos ayuda a limpiar esos escombros del pasado y a ver el futuro de una manera diferente.

En una ocasión le pregunté a mi padrino: ¿Por qué me pasa todo esto si ya dejé de tomar? y él me contestó: "Esto es para hacer un cambio de vida diferente", esa es una de las promesas de AA y yo la estoy viviendo. Siempre y cuando uno se proponga entrar al programa con todo y no a medias.

RAFAELA
Pacoima, California

Aprendí que mi programa tiene prioridad

UNA ESPOSA ALCOHÓLICA CUENTA CÓMO SE RECUPERA

Voy a cumplir dos años en AA. Al principio, no quería aceptar que era alcohólica. Un día que estaba bien cruda, le pedí a mi mamá que me buscara ayuda. Tuve una cita en un café con una muchacha y ella me llevó a mi primera junta. En este grupo, la junta era acerca del Primer Paso. Al escuchar las historias de la gente, pensé: ¡Dios mío! ¡Dios mío, ésa soy yo!

Empecé a asistir a las reuniones una vez a la semana. Luego encontré, en otro pueblo, un grupo de mujeres al que podía ir hasta tres veces a la semana.

Me sugirieron ir a noventa juntas en noventa días y esto me cambió la vida. Antes tomaba durante todo el fin de semana. Si mi esposo me llamaba al celular y yo no le contestaba, él ya sabía que estaba en la cantina.

Bebía peor que un hombre; podía beber junto a un hombre, dejarlo tirado y seguir tomando. Regresaba tomada a la casa y me levantaba el sábado para continuar bebiendo. Ahora nada más me dedico a mi programa y todo es diferente.

Empecé a tomar a los trece años y, aunque sentía que era un problema, no me detuve hasta los treinta y dos años, cuando llegué a los grupos. Al final, cuando me empezaba a temblar el cuerpo durante una cruda, pensaba que era simplemente porque tenía frío; ahora sé que lo que quería mi cuerpo era más alcohol.

Cuando me uní a AA, iba a todas las reuniones, sin importarme si eran sólo de mujeres o mixtas. ¡Estaba tan mal! Recuerdo cómo hablaba en las juntas; estaba como loca.

Lo que quería era que me ayudaran. En cuanto comencé el programa sentí que cambiaba; eran muy desconcertantes todas las emociones que sentía. Me preguntaba: ¿Qué me está pasando? En el pasado, cuando sentía algo así, tomaba y la desesperación se iba, pero ahora ya no tenía nada con qué tapar lo que estaba sintiendo; todo lo que tenía guardado estaba saliendo. Busqué ayuda en mi grupo y con mi madrina; ésta ha sido una experiencia única.

Mi pareja me pedía que buscara ayuda cuando estaba tomando; me decía que tenía problemas y yo le contestaba que estaba loco, ¡que quien necesitaba ayuda era él!

Tenemos quince años juntos y qué fue lo que no me aguantó; en una borrachera, le llegué a acuchillar; por fortuna no lo denunció. Le di mala vida, pues era una mujer muy violenta y no me importaba que la gente me viera tomando en las cantinas.

Mi hijo tenía casi once años cuando entré al programa y recaí en las primeras semanas. Él notó que estaba tomada y me dijo que no le gustaba cómo me comportaba y que dejara de beber por él, si no lo podía hacer por mí. Me sentí de lo peor; quería estar enterrada.

Al día siguiente, hablé con mi madrina. Histérica, le conté

que había recaído y lo avergonzada que me sentía. Ella me dijo: "Ya lo hiciste, no mires para atrás, comienza desde ahora. Recaíste y esto no puedes cambiarlo; lo que sí puedes hacer es ir a una junta de inmediato". Esto me ayudó mucho, me dio ánimos para seguir adelante y no fallarle a mis hijos. Hoy están contentos, me ven leer y rezar; ellos hacen lo mismo sin que yo les diga nada. A veces pienso que si hubiera seguido tomando, probablemente eso hubiera sido lo único que habrían aprendido de mí. Me da tanto gusto, me siento tan agradecida de haber tenido la oportunidad de cambiar.

Dios ya había intentado ayudarme a conocer a AA en dos ocasiones. La primera vez que supe de nuestro programa, fue porque una mujer me dio un folleto cuando yo estaba detenida en un tribunal; leí el encabezado y lo tiré a la basura. La segunda vez, fue gracias a una compañera de trabajo que me daba un aventón para el trabajo y, obviamente, me veía cruda. Ella me decía: "Te invito a que vayamos a una junta de AA, pues eso te puede ayudar". Yo no sabía que ella era miembro de nuestros grupos; pensé que estaba loca. ¡A quién se le ocurre que yo dejara de beber! No lo entendí en ese momento y luego cambié de trabajo. Cómo me gustaría decirle hoy que ya estoy en el programa.

Hoy en día mi esposo y yo sabemos que Dios y mi programa tienen prioridad, porque si no, yo no funciono en mi casa, ni con mis hijos.

Antes de ingresar al programa, tenía problemas con la policía, con los niños, en la escuela. Hoy todo es muy diferente; ahora puedo hablar con mis hijos y corregirlos. Es un cambio muy bonito y sigo en el programa porque quiero todavía más y más.

Siempre me ofrezco para prestar servicio; mi madrina me anima a hacerlo. Hago todo lo que puedo; voy a las ciudades de los alrededores buscando el apoyo de las mujeres hispanas para las reuniones en español. También participo en las actividades de mi grupo, voy a reuniones de DIU a platicar mi historia, a pasar el mensaje, a decirles que hay ayuda aquí en AA.

Yo no sabía que podía ser tan feliz y estar tranquila sin alcohol. Intenté dejar de beber sola y lo hice en cuaresma, pero a los cuarenta días estaba ansiosa por empezar a beber. Ahora sé que tengo una vida mil veces mejor que la que tenía antes. Todavía tengo mucho que trabajar con mis defectos de carácter, pero ahora los puedo reconocer. Sigo reparando daños con mi esposo y mi suegra; su acogida y comprensión me han dejado sorprendida y agradecida de tenerlos en mi vida.

CAROLINA T.
Bartlett, Illinois

Instinto maternal

ALCOHOLISMO Y RECUPERACIÓN PASAN DE MADRE A HIJA

Desde niña conocí el alcohol ya que vengo de una familia donde todos eran alcohólicos.

Se reunían en casa de mi mamá, hacían fiestas continuamente y siempre terminaban muy bebidos y en algunas ocasiones se agarraban a golpes.

Recuerdo que cuando mi madre tomaba le daba por cantar, por cierto que cantaba lindo, pero seguía tomando y luego lloraba mientras yo la miraba atemorizada. Al otro día ella amanecía con una cruda inmensa, se ponía de muy mal humor y gritaba, yo tenía como siete u ocho años y le tenía mucho miedo.

Deseaba tanto que me abrazara y que me dijera que me quería, pero eso nunca ocurrió. Mi madre se me acercaba sólo cuando me daba golpes.

Imaginaba que cuando tuviese mis propios hijos yo los abrazaría diciéndoles que los amaba.

Eran buenos pensamientos pero cuando los hijos llegaron a mi vida, yo ya era una alcohólica y no podía parar de beber. Les di una vida de miseria, bebía delante de ellos y los maltrataba física y emocionalmente, no los respetaba. Los arrastré conmigo, fui peor que mi madre. En una ocasión mis "amigos" me invitaron a tomar, les dije que primero acostaría a los niños, y así lo hice, llegué a mi cuarto, un cuarto que mi mamá me prestaba, y cuando se quedaron dormidos me fui con mis amigos.

Al hacer contacto con el alcohol se me olvidó que mis hijos estaban solos. Cuando me di cuenta ya eran las cuatro de la mañana y estaba muy tomada. Llegué y me encontré con la puerta ya cerrada, agarré un cuchillo y la abrí. Ahí estaba mi mamá sentada en el sillón, con mi niño de un año en brazos. No me regañó como otras veces, pero las lágrimas rodaban por su rostro cuando dejó al niño y se fue.

Ni las lágrimas de mi mamá, ni las de mis hijos me habían impedido seguir bebiendo. Yo ya tenía muchos años con los sentimientos congelados pero ese día fue diferente, me sentí muy mal y empecé a llorar como una niña, empecé a gritarle a Dios que, si de verdad existía, me ayudara, yo ya no podía sola.

Dios escuchó mis oraciones y las oraciones de mi mamá porque ella nunca perdió la fe, un día mi mamá me invitó a una junta de AA, era un aniversario, ella ya tenía cinco años en Alcohólicos Anónimos y yo no lo sabía, acepté ir con ella.

Al llegar a la reunión mi madre me ubicó en un asiento enfrente de todos, yo quería salir corriendo, me sentía muy nerviosa y al escuchar a las personas que subieron a la tribuna para darme información, quise levantarme pero ella me puso su mano en mi hombro y me quedé.

Subió una muchacha que compartió sus experiencias de bebedora y eran iguales a las mías, por un momento pensé que mi mamá les había contado algo de mí.

Pero me di cuenta que ya no estaba sola y después de ese día seguí asistiendo acompañada siempre de mi mamá.

Ahora me dice lo mucho que me quiere y cuán orgullosa se siente de mí. Incluso me pidió perdón por no haber sido una buena madre. Gracias a Alcohólicos Anónimos pude perdonarme y perdonar a mi mamá ya que estaba muy resentida con ella. Ahora quiero mucho a mi familia, y a mis hijos los amo. Cómo no voy a estar agradecida con los AA si hoy soy feliz con mi nueva vida.

TEREZA
Stockton, California

Ser o no ser

UNA JOVEN SE PREGUNTA SI SU CONDUCTA ES NORMAL

Soy parte de la comunidad desde hace un año y dos meses. Muchas veces me pregunté si realmente era alcohólica, las dudas sobre mi condición me invadían y me hacían pensar que yo era diferente, que mi caso podía ser una excepción y la falsa ilusión de creer que yo era "normal" se apoderaba de mí.

Llegué a creer que tal vez mi forma de beber era un proceso normal por mi edad, y en ocasiones pensaba que todavía me quedaban muchas cosas por experimentar con la bebida, cosas que creía que por mi corta edad no habían llegado y que si seguía en la comunidad no llegaría a experimentar. En esos momentos la idea fija de querer dejar atrás la determinación de permanecer en la comunidad se apoderaba de mí y simplemente decía: "Lo intento una vez más, trataré de controlar mi forma de beber, me dedicaré a disfrutar la vida y llevar una vida 'normal', como los jóvenes de mi edad y si es que me va mal, regreso a mi grupo base".

Pero cuando pensaba en esto, sentía al mismo tiempo un gran temor de no poder regresar o volver a mi grupo. La perspectiva de verme nuevamente destrozada, tal vez peor de lo que llegué la primera vez, me aterrorizaba. Pensaba: "¿Y si en el intento me muero?" Había escuchado experiencias de muchos compañeros que habían intentado volver a beber y la vida se les fue, otros habían tocado un fondo más duro, lo cual los llevó de nuevo al grupo, pero afirmaban que pudieron haber evitado ese gran dolor si no se hubieran obstinado en la absurda idea de que podían controlar la bebida, y era ahí donde me preguntaba: "¿Qué posibilidad existe de que mi caso sea diferente?"

Entonces volví a realizar un análisis de mi forma de beber, volví a recordar por qué decidí buscar ayuda en AA y retomé esas observaciones de mi mamá, cuando me decía: "Tú eres un poco alcohólica, porque si fueras alcohólica alcohólica hubieras llegado a perder familia, trabajo y esas cosas; tú no has llegado a esos extremos". Entendí que para mi mamá era muy difícil admitir que tenía una hija alcohólica, quizás porque eso la hacía sentir culpable al pensar que se equivocó. Entendí que, como alcohólica, también la enfermé.

Comprendí que tal vez no había llegado a la cárcel, al psiquiátrico, al hospital o a la calle, que no había perdido a mi familia, trabajo, bienes materiales y ese estilo de cosas, pero que no por eso no era alcohólica, si no cómo podría explicar que por mi forma de beber perdí las ganas de vivir, que muchas veces pensé en quitarme la vida, me olvidé lo que era sentirme tranquila, en paz, porque constantemente vivía en medio de agitaciones, mentiras, engaños, no sólo para beber; mi vida la sentía como vacía e intentaba llenarla con excesos con la botella.

Había perdido aquellas cosas por las que valía la pena vivir, había perdido el total control sobre mi forma de beber y sobre mi vida. Si eso no indicaba que era una alcohólica, ¿Entonces qué era esto?

Me di cuenta que un Poder Superior me había dado una nueva oportunidad de vivir, y que no podía desperdiciarla por mi absurda obstinación, ese Poder me sacó del basurero mental en el que yo vivía y me llevó a un grupo de Alcohólicos Anónimos para que pudiera renacer.

Esas locas ideas ya no vienen con tanta frecuencia y hoy puedo decir que estoy encontrando un sentido de vida, una razón para vivir, me siento feliz, útil y en paz conmigo misma; sé que hay mucho camino por recorrer pero estoy dispuesta a hacer lo que sea necesario. Hoy estoy segura que estoy donde quiero estar.

Estoy agradecida de haber tenido la oportunidad de llegar a AA y encontrar personas maravillosas que me entienden y que de igual forma yo puedo entender, creo que mis compañeros son instrumentos de mi Poder Superior que me mostraron que es posible vivir sin alcohol de una manera satisfactoria, que día a día me muestran que los principios de AA sí funcionan.

ANÓNIMO
La Paz, Bolivia

La madrina

TUVE OPORTUNIDAD DE COMPARTIR EL AMADRINAMIENTO EN ASCENDENCIA Y DESCENDENCIA

Hace veinticuatro años ingresé a un centro de tratamiento del alcoholismo porque mi pareja me confrontó acerca de mi manera descontrolada de beber. Allí aprendí acerca de mi enfermedad, el alcoholismo.

En ese centro existían reuniones de AA varios días a la semana, adonde llegaban miembros de AA que servían como coordinadores u oradores y que participaban para apoyar y ayudar a la recuperación de los recién llegados, al igual que a la suya propia.

Nancy era uno de los miembros que se ocupaba de llevar a cabo la reunión de los domingos. Me extendió su calor y respaldo desde un principio y yo sentí la confianza de llamarla cuando necesitaba transporte una vez que me encontraba fuera de la institución. En esa reunión, en la primera etapa de mi sobriedad, escuché el compartimiento de Hannah, a quien le pedí que fuese mi madrina. Aceptó y durante once años fui su ahijada, trabajamos los Pasos y practicamos el programa, hasta que problemas de salud se lo impidieron.

Pasé casi dos meses pensando y acercándome a otras personas con la inclinación de pedir amadrinamiento. Una me dijo que no. Otra dijo que tal vez; y a los pocos días se mudó lejos.

Me preocupaba tener que empezar de nuevo a construir una relación íntima.

Desde un principio entablé amistad con Nancy, vinculadas por la enfermedad y el camino de la sobriedad. Ella siempre fue un ejemplo de servicio y de entrega a la voluntad del Poder Superior. Siempre me recibió con ojos y labios sonrientes y un caluroso abrazo. Fue ella quien me invitó a mi primera reunión de distrito cuando tenía tan sólo meses de sobriedad y fue ella quien, al poco tiempo de yo haber dejado la rehabilitación, me propuso como oradora, una noche que el orador invitado no llegó a la reunión de los domingos. Sus preguntas motivaban mi compartimiento y lo hacían más profundo.

Uno de esos días llegué a una reunión y ahí estaba Nancy con los brazos abiertos... ¡siempre había estado allí!

De mi boca salieron las palabras: "Necesito pedirle que sea mi madrina". Ella me respondió: "Querida, sería un verdadero honor y privilegio".

Entonces, no tuve que empezar de nuevo porque nos conocíamos y ya confiaba en ella. Manteníamos citas regulares para trabajar los Pasos formalmente. Consultaba con ella mis decisiones importantes antes de tomarlas, entre ellas la de tomar un padrino de servicio, la de aceptar ahijados, situaciones domésticas y de familia extendida.

A cierto punto, mi pareja y yo nos hicimos cargo de dos niñitas cuyos padres habían caído en el abismo de la adicción. Las niñas tenían muchos problemas y el ambiente en mi casa llegó a ser insoportable para mí, tanto así que un día salí de casa al trabajo y pensé que debía buscar un apartamento o condominio donde vivir mientras las niñas tuvieran que vivir en mi casa. Gracias a Dios fui a hablar con mi madrina antes de decidir hacer algo. Nancy no me dijo que estaba mal. En cambio, me sugirió que podía posponer la decisión y que, por el momento, podía ir a un centro de tratamiento donde también alcohólicos sobrios pueden ir a descansar y recuperarse. Así lo hice. Estuve allí tres o cuatro días. Tuve comunicación directa con recién llegados que estaban en proceso de desintoxicación y de conocer nuestros principios. Estudié con ellos el Libro Grande, desarrollé una ardiente fe en el Poder Superior y sentí su Gracia en mí. Adquirí el hábito de hacer un Tercer Paso diariamente y entendí y acepté que la razón de vivir es servir.

Regresé a mi casa y todo estaba igual. El desorden reinaba y las niñas no habían sanado. Pero me sentía capaz de estar presente y de apoyar a mi compañera en el esfuerzo de cuidarlas. Por haber seguido el consejo de mi madrina, la familia no se desintegró y no tuve que beber.

A cierto punto en mi sobriedad, una de mis ahijadas me dijo que tenía la meta de trabajar un Paso al mes. Yo le dije que era buena idea, que lo hiciéramos. Entonces se lo propuse a Nancy y empecé el plan con ella y con la ahijada. El resultado fue que nos hemos mantenido en el ritmo de los Pasos constantemente con citas regulares y continuamos creciendo espiritualmente.

Tuve oportunidad de compartir el amadrinamiento en ascendencia y descendencia. Un recuerdo que guardo con amor es la experiencia de un retiro espiritual en compañía de Ellie, la madrina de mi madrina; Nancy, mi madrina; Leslie, mi ahijada, y Eileen, su ahijada. El amadrinamiento se transmite amadrinando.

Desde mis inicios en Servicios Generales he tenido un padrino de servicio, Tony, quien ha sido y sigue siendo una gran parte de mi equipo de ayuda. Siempre he sentido la confianza de pedir orientación y Nancy, Tony y Ellie nunca me la han negado.

La salud física de Nancy fue decayendo poco a poco y tuvo que mudarse de su casa a un apartamento. Luego, necesitaba ayuda profesional para sus actividades del diario vivir. Me preocupaba porque parecía inevitable que perdiera otra madrina...

Con el tiempo, Nancy tuvo que mudarse a un hogar colectivo con servicio de enfermería. Su salud siguió decayendo progresivamente y las citas para trabajar los Pasos no podían llevarse a cabo.

Llamé a Ellie y le pedí amadrinamiento. Me dijo: "Claro que sí, sería un honor y un privilegio". Fui a ver a Nancy y le conté. Ella se puso muy contenta de saber que Ellie haría la labor de madrina.

Y así fue. Ella me ayudó en el trabajo de los Pasos por casi dos años, mientras yo seguía en comunicación con Nancy.

Cuando supe que los médicos habían avisado que eran pocos los días que le quedaban de vida a Nancy, fui a verla y la encontré con los ojos cerrados, respirando con mucho esfuerzo y aparentemente sin poder responder. La saludé y le dije que era yo, Amalia, levantó la cabeza y volvió a su postura. Ellie, quien estaba en el cuarto, se emocionó al ver la reacción. Me dijo que ella sabía que yo estaba presente. Le agradecí a Nancy su ejemplo y su presencia en mi vida. Le dije que yo estaré presente para otros, sencillamente porque ella lo estuvo para mí.

A las cuatro de la mañana recibí la llamada de la hija de Nancy diciéndome que Nancy acababa de fallecer. Estuve con su hija y su sobrino al lado de su cuerpo mientras esperábamos al agente de la funeraria. Los pajaritos cantaban afuera de su ventana... parecía que celebraran el paso de la vida. Hablamos de Nancy con recuerdos cariñosos y su sobrino me preguntó de dónde conocía a Nancy... Les dije que había sido mi madrina en AA.

Ellie, David, un compañero y yo estuvimos con ella la última noche. Sé que a través de nosotros AA estuvo presente.

La iglesia estaba llena de familiares, amistades y miembros de AA el día de las exequias. Nosotros vivimos AA y respiramos AA. Porque AA es el aire de la vida sobria, y nosotros lo transmitimos a los que vienen.

AMALIA C.
Newington, Connecticut

CAPÍTULO CINCO

LOS PASOS
LA SOBRIEDAD PELDAÑO A PELDAÑO

Los Pasos de AA fueron escritos para que nos acompañaran, guiándonos en el camino de la sobriedad. Para los alcohólicos, cada uno de los Pasos representa el peldaño de una escalera imaginaria que lleva a la recuperación. La práctica de los Pasos nos ayuda a liberarnos de las cadenas de la inseguridad y de las dependencias.

Es por eso que en AA estamos convencidos de que, cuando practicamos los Pasos, estamos marchando, nuevos y veteranos, rumbo a una liberación emocional y espiritual. En "Empezar a vivir", un homosexual comparte que, al dar el Cuarto Paso, encontró su "verdadero yo". En la historia, "Sedienta de amor", una mujer escéptica encuentra que después de dar el Cuarto Paso, y compartir el inventario de su vida con otra persona en el Quinto Paso, se liberó de el rencor y conmiseración que le impedían sanar las heridas causadas por el alcoholismo. Las historias en este capítulo nos recuerdan que, para los que quieran vivir en armonía consigo mismo, y con los demás, la práctica de los Pasos es imprescindible. En la historia "Con el sol de hoy", un alcohólico confiesa que para él trabajar los Pasos es un acto no de virtud, sino de necesidad.

Con el sol de hoy
CON LA AYUDA DE LOS PASOS, CAMBIA
POCO A POCO Y DISFRUTA EL PROCESO

Antes de llegar al programa, mi vida era un desastre, el caos, la locura y los problemas, eran la orden del día. La bebida, había hecho de mí un ser humano (o debo decir, un guiñapo de hombre) que más que vivir, existía por instinto de supervivencia.

Yo comencé a beber a temprana edad y me convertí en un bebedor frecuente casi de inmediato, a la edad de veintitrés o veinticuatro años ya bebía casi todos los días.

Perdí mi primer empleo, luego vino el divorcio y con ello los líos de pensiones alimenticias y las discusiones con la madre de mis hijos, fundamentalmente por despreocuparme de ellos.

Comienza lo que yo denomino la gira del alcohólico. Buscando ayuda visité iglesias (de distintas denominaciones), sicólogos, psiquiatras, metafísica, dianética y hasta un espiritista.

Creía que era mejor morir que seguir de aquella manera. Al acostarme, borracho, por supuesto, le pedía a Dios, al mismo Dios que quince minutos antes había renegado, que si existía y si tenía algo de misericordia, acabara conmigo.

Y Dios me complació. Recuerdo que la primera noche que fui a una reunión, me recibió un señor mayor, que se me acercó, me saludó y me preguntó si me gustaba el café y yo, entre sollozos, le contesté que sí.

Entonces me dijo: "Coge un cafecito, siéntate por ahí y trata de escuchar con mente receptiva". — Le pregunté: "¿Eso es todo?, ¿no hay que llenar una solicitud o pagar algo?" Me miró con una sonrisa: "No, siéntate y trata de escuchar".

Cuando escuché que alcohólico es todo aquel que al en-

trar en contacto con la bebida, no puede parar de beber y que
esto le causa problemas en cualquier área de su vida, me dije:
"Eso es lo que me pasa a mí". No fueron los años que estuve bebiendo, ni el tipo de licor que ingería o si bebía o no todos los
días; o si había estado hospitalizado o preso. El contacto con la
bebida me causaba problemas en todas las áreas de mi vida, la
evidencia era contundente.

Yo dejaba de beber los domingos y el lunes estaba borracho. En AA me dijeron que me olvidara del ayer y no pensara en
mañana, pregunté qué pasaría el resto de mi vida y muy sabia-
mente me dijo un compañero: "Tú no puedes secar la ropa de hoy
con el sol de ayer ni con el sol de mañana, tienes que secarla con
el sol de hoy, así que concéntrate en no darte ese primer trago hoy.
Cuando el mañana llegue, bregaremos con eso".

Otro compañero me explicó: "Abstinencia es vivir sin beber, sobriedad es vivir sin beber y estar feliz". El techo del local
estaba a más de veinticinco pies de alto y por poco le doy con mi
cabeza, porque pensé: "¡Este maestro está loco! Yo sé que no puedo beber, pero, ¿puedo ser feliz? lo dudo". Pero esa es la enfermedad que yo tengo. Yo llego a AA porque el ron me estaba matando
y dentro de mi cabeza, en una esquina, muy oculto, está todavía el
pen-samiento insidioso de que algún día podré beber como cualquier hijo de vecino.

Decidí "actuar como si creyera", a pesar de las circunstancias que se me han presentado. Desde que estoy en AA, estoy
tranquilo porque no he tenido la necesidad ni el deseo de beber, y
estoy feliz por ello.

Sin embargo, debo confesar, que no ha sido un camino
fácil, no hay varitas mágicas. He tenido que esforzarme y trabajar,
"con intensidad y con frecuencia" —como decía un compañero en
mi grupo base— los principios contenidos en Los Doce Pasos de
recuperación del programa.

En el Primer Paso tuve que aceptar que desde mucho antes de llegar al programa, mi vida estaba gobernada por la obse-

sión al alcohol y por mis miedos. Sufría con mis complejos, los resentimientos, los remordimientos y sobre todo, por mi egoísmo.

En el Segundo Paso tuve que aceptar la falta de sano juicio, les confieso no fue muy fácil, ya que pensaba que yo no estaba loco.

Pasaron varios meses después de llegar a AA para entender lo mal que estaba, mental y emocionalmente. Alguien dijo una noche en una reunión: "Lo más que se parece a un loco es un borracho y lo más que se parece a un borracho es un loco". Entonces acepté que necesitaba la ayuda de un Poder Superior a mí mismo.

En el Tercer Paso, "poner mi vida al cuidado de Dios", no tuve tantos problemas. Lo que se me hizo difícil hacer, y todavía en ocasiones se me hace difícil, es poner mi voluntad en sus manos. Todavía mi mente me hace creer que yo puedo solo y mi Poder Superior deja que yo trate de dirigir la obra, sólo para pagar el precio, cuando todo comienza a salir mal. Hoy en día esos episodios de soberbia y de falta de sanidad mental, son mucho menos frecuentes y de corta duración.

El alcohol tenía la capacidad de sacar lo peor que había dentro de mí. Cuando dejé de beber descubrí que lo peor todavía estaba adentro. El Cuarto Paso es la primera gestión que me sugiere el programa para empezar a cambiar. Aprendí que no era conveniente continuar cargando con todos esos escombros del pasado, era necesario compartir con otro, para continuar con mi propio proceso, sobre mis actuaciones, mi conducta, mis desaciertos y mis errores del pasado. Si seguía cargando con todo eso en mi mente y en mi corazón sin hacer un Quinto Paso, era muy poco lo que podría avanzar en mi proceso.

En el Sexto Paso tuve que aceptar, que, de la misma forma que yo solo no había podido quitarme la obsesión por el alcohol, tampoco Dios iba a remover esos defectos sin mi ayuda. No podría removerlos si yo no estaba dispuesto (como con la bebida) a que él lo hiciera. Por lo tanto en el Séptimo Paso tuve que hacer una petición humilde, pero formal, para que Dios me ayudara.

Para poder llevar a cabo el Octavo y Noveno Paso tuve que aceptar un hecho innegable: no iba a poder pedir perdón ni hacer las reparaciones necesarias mientras no hubiera perdón en mi corazón para mí mismo y para aquellas personas que pude haber lastimado durante mis años de bebedor. Sí, tuve que perdonarme antes de ser perdonado.

En el Décimo Paso me di cuenta que éste es un proceso de constante vigilancia, porque si bien es cierto que mi vida ha cambiado y que las cosas están mejor que el día que llegué a AA, no es menos cierto que todavía hay mucho camino por recorrer. Soy mejor ser humano hoy en día que cuando bebía, pero no soy un santo ni soy perfecto.

En el Undécimo Paso, acepto el hecho innegable que en mi vida Dios seguirá haciendo por mí lo que por mí mismo no puedo hacer, pero a la vez acepto el hecho de que Dios no hará lo que me corresponde a mí hacer. Él no irá a la reunión por mí, irá conmigo, él no practicará los Doce Pasos por mí, los practicará conmigo, no leerá la literatura por mí, la leerá conmigo.

Desde mi punto de vista, en mi Duodécimo Paso, yo he experimentado un despertar de la conciencia, un continuo intento por vivir la vida de una forma más honrada, conmigo y con mis semejantes.

Si deseo conservar la sobriedad que he adquirido debo compartirla en cualquier oportunidad que se me presente, debo mostrar agradecimiento hacia el programa y hacia Dios, asistiendo con regularidad a las reuniones para que cuando surja la oportunidad, poder recibir al recién llegado y ayudarlo como lo hicieron conmigo. AA es un programa de amor y servicio y es mi responsabilidad estar presente para brindar a cualquier persona que llegue a las puertas del grupo, la misma oportunidad que me brindaron a mí hace unas cuantas veinticuatro horas.

Este programa nos invita a hacer nuestro mejor esfuerzo por demostrar esta nueva forma de vida en nuestro hogar, en nuestra comunidad, en nuestro trabajo y en nuestra vida diaria.

Yo no hago esto sólo por portarme bien con los demás, no como virtud, sino como una necesidad.

Sí, hoy le pido a ese Poder Superior, Dios como yo lo concibo, no la tolerancia, sino la serenidad para aceptar todas las personas y cosas que no puedo cambiar y sobre todo, seguir aceptando la ayuda que me brindan en todas las reuniones los compañeros y compañeras, y la ayuda que me brinda todos los días mi Poder Superior.

JUAN ANTONIO R.
San Juan, Puerto Rico

Sedienta de amor
CUENTA CÓMO LOS PASOS LA AYUDARON A RECUPERAR EL AUTOESTIMA

Mi grupo ha crecido, ahora llegan muchos jóvenes de ambos sexos, nos los envían de clínicas y centros de tratamiento, hay muchachos de quince años en adelante. Llegué al grupo en la apertura de las juntas de la mañana, en el primer año de haberse abierto. Me fascinó saber que allí iba a encontrar alivio y ayuda.

Allí vislumbré la esperanza de lograr lo que ellos habían logrado, su sobriedad, es decir su mayoría de edad. Entendí que sólo acudiendo al grupo, a mis juntas, dejaría de beber pero yo deseaba algo más. Deseaba saber cómo ser feliz, cómo poder seguir viviendo ya que llegué sin tener fuerzas para continuar viviendo.

Nada me llenaba, me sentía vacía, frustrada, cansada, ya ni el dinero me llamaba la atención, tanto que descuidé mis negocios. Mucha gente me sugirió que buscara una pareja para poder levantarme ya que mi ex esposo me puso como condición que me olvidara de mi grupo o él se marchaba para siempre. No tuve elección, mi vida ya no podía seguir así.

Pero ya no estoy sola, mis compañeros me han dado el

amor necesario para continuar; al principio lloré bastante, hice mucha catarsis en tribuna, ansiaba mi recuperación en veinticuatro horas, solicité la ayuda de diferentes personas sobrias. Me sugirieron que no había otro camino con más éxito para lograr mi sobriedad duradera y sólida, que trabajar los Pasos y que solamente de esa manera llegaría mi despertar espiritual.

En AA empezó mi recuperación, sin yo haberlo planeado o creído, mis compañeros me enseñaron el camino, en primer lugar llegando a creer, como dice el Tercer Paso, poniendo solamente un poquito de buena voluntad. Entregarme fue para mí empezar a ver la luz, en los Cuarto y Quinto Pasos hice un inventario de mi vida, ver el pasado y compartirlo con otra persona, me liberó de un miedo, de la vergüenza, de una carga de rencor y conmiseración que me nublaba el camino.

En los Pasos Sexto y Séptimo vi mis faltas, trabajé con mis defectos día a día, momento a momento. Empecé a enfocarme en mi persona y al ver que tenía tanto en qué trabajar no me dio margen para señalar o exigir. Empecé a practicar el agradecimiento, el valorar todo lo que se me da, a cambio de nada, me empecé a sentir mejor pero tenía que seguir.

Me esperaba el Octavo Paso, hice una lista de personas a las que había dañado, principalmente a mis hijos y a mis parejas, el dolor fue inmenso al ver que ya no podía remediarlo y no podía regresar al pasado.

El Noveno Paso lo empecé a practicar desde mi llegada. Tratando de cambiar mi conducta para dejar de ofender, dejar de controlar y enfocarme sólo en integrarme a mi familia y no ser la juez, la jefa, sólo un miembro más.

He tenido que pedir perdón, pero perdonarme no ha sido fácil ni rápido, conforme mis heridas siguen sanando, el perdón se hace más claro, ahora sonrío, también lloro, me doy permiso de sacar mis emociones, la mayoría de las veces es de alegría. El Décimo Paso es diario, aceptando cuando me equivoco, tratando de no repetir el mismo error. El Undécimo es mi Poder Superior, él siempre tiene tiempo para mí, es un automantenimiento, a través de él mi mente se aclara, mi espíritu se nutre y obtengo la fuerza necesaria para continuar el día.

El Duodécimo Paso se hizo realidad, los Pasos me liberaron de la esclavitud, inseguridad y dependencias. Pero no ha sido fácil pues vivía dependiendo del dinero, de la pareja, de la aprobación, de la aceptación, viviendo en harapos, sedienta y hambrienta de amor.

Ahora, que yo me acepto, mi corazón se llena cada día más. Mi familia y yo amamos a AA, nos consideramos afortunados al haber sido alcanzados por esta hermandad que se encuentra en casi todo el mundo.

ROSS
San Diego, California

Empezar a vivir
EN LA OSCURIDAD DE LA DUDA, ENCUENTRA UNA SEÑAL PARA SEGUIR VIVIENDO

Mi historia se inicia en la tierra prometida, aunque hoy sé que mi enfermedad comenzó en la niñez.

Huí de mi país natal con la idea de que estando lejos, mis problemas tendrían una solución, aún no hablamos del alcohol, mi desorden sexual me había metido en jaque con mi ser, los prejuicios y el qué dirán me mataban.

Llegué a Chicago después de cruzar la frontera con muchos sacrificios y habiendo prometido al patrono de mi iglesia, portarme de lo mejor y hacer lo necesario para cambiar.

Después de pagar al coyote y ahorrar unos cuantos dólares, recuerdo con exactitud la invitación de una persona que me dijo: "Ya es tiempo de vivir, te hace falta salir, no pareces hombre".

¡Dios! Esto era lo que me faltaba después de tanto sacrificio escondiendo y manteniendo las apariencias. "Me encontraron de nuevo", pensé, "pero le demostraré al mundo quién soy y de lo que soy capaz, yo soy igual o quizás más hombre de lo que creen".

Salí por primera vez a un lugar donde todos tomaban, me pareció que era hora, me preguntaron si yo era de Jalisco y no lo pensé dos veces, les demostré cómo se bebe el tequila. No recuerdo qué pasó, sólo que después de un trago fuerte y derecho, tuve al día siguiente los terribles efectos de mi borrachera, vómito y más vómito.

De ahí en adelante fue aumentando mi tolerancia al alcohol. Las barras o cantinas, que aunque al principio me aburrían, llegó el momento en que me sentí parte del ambiente. Me encantaba tener ese poder de líder, de yo me las puedo todas, de gritar "¡yo invito!", sin medir las consecuencias.

El continuo consumo, y la vida alocada, me trajo una soledad inmensa, sentimientos de culpabilidad y poco interés en la vida. Mi autoestima estaba por el suelo, en algún momento encerrado en mi cuarto pensé en morir, "para qué vivo, no tiene sentido mi vida, no sé quién soy, ni por qué siento algo que no es normal, Dios no me quiere así, ni la sociedad me acepta, soy un desgraciado".

Pasaron dos o tres años de infierno y un día mi hermana, que vivía conmigo, me dijo algo que me movió: "Hermano, yo sé que usted es joven, que trabaja y tiene el derecho a disfrutar de la vida, pero usted ya no disfruta, no está bien su manera de beber y, además, ya consume drogas".

Esas palabras me hicieron sentir que estaba equivocado, pero no sabía cómo hacerle, puesto que para entonces me había convertido en un bebedor fuerte y muy agresivo, con frecuencia padecía de lagunas mentales, espantosos sueños y un desorden emocional de pies a cabeza.

Fui a la iglesia nuevamente para involucrarme en algo que me distrajera y me sacara del círculo vicioso en el que ya giraba mi vida, lo intenté pero nada sucedía, me desesperaba pues cada domingo, después de la misa, todo el mundo salía feliz y con una familia.

Una noche, en la que me encontraba bastante mal, al salir de la práctica del coro, de regreso a casa, tomé una calle desconocida, entonces me fijé en un letrero luminoso en la pared de un local, el letrero decía "Empezar a Vivir", y tenía el triángulo con la doble A, lo reconocí puesto que sabía del programa de Alcohólicos Anónimos por mi padre, quien dejó de beber y asistía a reuniones que tenían un letrero muy parecido.

Entré en el lugar y me senté al frente, fueron muy amables y aunque la reunión ya estaba por finalizar, me dijeron que era bienvenido y que ese día no me darían mucha información. Me regalaron unos folletos que conservé con mucho aprecio, aunque sinceramente no era lo que yo buscaba en ese momento, la respuesta de todo se daría sutilmente.

Pero al siguiente día regresé con interés, pues algo me llamó la atención en estos hombres que, con tanta seguridad, me habían dicho: "Venga si tiene problemas con su manera de beber, nosotros lo ayudaremos".

Me recomendaron asistir a las reuniones lo más frecuentemente posible y así lo hice, pues tenía miedo de volver a tomar. Empecé a sentir un calorcito, no sé cómo ni de dónde, pero algo me atraía. Al principio tuve dudas acerca de haber perdido el control y ser un verdadero alcohólico, ya que nunca me encarcelaron ni estuve en un hospital, y no perdí familia, no la "tenía".

Las reuniones me proporcionaron una sensación de hogar, la fraternidad y las actividades del grupo me dieron el sentido de pertenencia que yo había perdido con mi forma de beber.

Mi padrino me recomendó trabajar con mi persona y mis verdaderos problemas y dejar de perder el tiempo hablando de los demás, de lo que me habían hecho. Me aterraba el pensar que enfrentando la realidad reviviría los episodios del pasado, ¡qué ironía! pues con el Cuarto Paso perdí el miedo.

Aceptar mi derrota fue el inicio del Primer Paso y creer en mi Poder Superior me trajo la paz y la serenidad. Porque poner mi vida al cuidado de Dios, como yo hoy lo concibo, me llevó a encontrar al niño que se perdió, el niño que sin culpar a los demás encuentra su identidad.

Alcohólicos Anónimos me dio la mano y me enseña el camino para poder formar mi persona. Las herramientas, los Pasos y el resto de los principios del programa me ayudan a encontrar mi verdadero yo, el Salvador homosexual, con defectos e instintos que mi creador me ha dado, al igual que los demás, pero también con virtudes para poder relacionarme con mi entorno.

Doy gracias a Dios, mi Poder Superior, a mi grupo base, a la comunidad en general, pues me siento en paz y hoy no bebo, sólo por hoy puedo dar testimonio a quienes sufren del alcohol, hay una solución y yo la he encontrado en AA.

SALVADOR O.
Vernon Hills, Illinois

En busca de la liberación
EN CADA PELDAÑO PONE TODA SU
VOLUNTAD PARA DEJARSE GUIAR

Anoche, como cada lunes, en la reunión de mi grupo base, leímos los Doce Pasos. Es una reunión muy especial en la cual los miembros contamos nuestras experiencias.

Algo que aprendo a diario es que, como miembros de la comunidad, somos totalmente libres en la interpretación y aplicación del programa de recuperación sugerida para el problema alcohólico, que cada persona tiene su debida historia y su auténtica relación con el mundo.

La variedad de experiencias ante el mismo tema "Los Doce Pasos", muestra lo humana y amplia que es nuestra comunidad, una agrupación de puertas siempre abiertas. Personalmente observo que los Pasos no son una sugerencia sino un compromiso si deseo cambiar en algo mi vida. Para mí cada uno de los Pasos representa el peldaño de una escalera en la que cada escalón es prerrequisito del que antecede, así que debo apoyarme en el primer escalón si deseo subir al segundo y así sucesivamente hasta llegar al duodécimo.

Como dice un compañero de mi grupo, "AA no es para dejar de beber, sino para aprender a vivir útil y feliz sin beber", lo cual requiere de fe, paciencia, acción y práctica. De ahí que aflore como deducción la pregunta, ¿Cuánto he avanzado yo en el proceso de recuperación?

Puedo asegurar que hasta anoche no me planteaba de manera consciente esta pregunta, soy honesto al decir que deseo un cambio en mi conducta y que para ello tengo las mejores herramientas que la vida ha puesto para mí, "los Pasos". En la reunión de ayer escuché decir a un orador que "los Pasos no se hacen, se practican".

Antes de llegar a AA no me importaba cómo llevaba mi vida, si estaba bajo los efectos del alcohol, no me preocupaba si eso afectaba a las personas cercanas o no, así me desligaba de la realidad y poco a poco me alejaba del mundo y de los seres queridos.

Después de la reunión y mientras caminaba hacia mi casa, pensé mucho acerca de mi proceso de sobriedad y vi claramente que estoy intentando la práctica del Séptimo Paso. Para llegar al Séptimo Paso hay que cultivar los seis Pasos anteriores, cuando llegamos al Quinto Paso nos hacemos las preguntas que aparecen en la página setenta del Texto Básico, donde podemos hacer una evaluación honesta de nuestro trabajo en los cinco Pasos anteriores, ¿Hemos construido una base firme?

Esa y otras preguntas se refieren a los primeros cinco peldaños de la escalera que estamos ascendiendo, después de responder abordamos la práctica del Sexto Paso, que requiere de "buena voluntad".

Dice el Texto Básico que con la práctica de los cinco primeros Pasos hemos limpiado de escombros el pasado y que a diario buscamos el mejoramiento personal, sólo por cada veinticuatro horas, no se trata de llegar a la perfección, ni convertirse en santo, hay algunos defectos de carácter en la personalidad muy difíciles de eliminar o simplemente no me quiero separar de ellos, pero de una u otra forma me afectan. Es ahí donde con fe, entereza, tolerancia, buena voluntad, permito la ayuda de ese Ser bondadoso y amigo, llegando a creer y admitiendo que Él puede liberarme de todas mis debilidades, entonces me digo que sí, "yo deseo ser liberado de todos mis defectos", y dejo en manos de Dios, como yo lo concibo, que se haga su voluntad no la mía.

Los resultados tal vez no se vean ahora, pero el mejoramiento personal seguirá avanzando, si yo lo busco y quiero. Para terminar este apartado y contestando a la pregunta sólo me queda atestiguar que he avanzado en la práctica del Séptimo Paso, no de la manera más óptima, pero con un gran deseo de superación.

¿Cómo ando con aquello de la humildad? Llegar a este Paso donde "Humildemente le pedimos que nos liberase de nuestros defectos", no es nada fácil, "aquí es donde comienza el camino hacia Dios", pero antes, ¿qué es humildad para mí? Un cambio de actitud ante los demás y ante Dios. La humildad no es decirlo que lo soy, es una acción, la humildad no es debilidad, ni humillación, es reconocer que también se tienen virtudes y que se proyectan en la alegría de vivir y de dar. No puedo ser humilde si pienso una cosa, digo otra y hago lo contrario a lo que pienso y digo.

Como decía arriba, no soy el mejor ejemplo en la práctica de este Séptimo Paso, pero hoy mi vida está al cuidado de ese Poder Superior como yo lo concibo, hay defectos en mí que seguramente debo trabajar más, ese deseo de querer las cosas fáciles, el de ser demasiado cómodo, realizar las cosas con el mínimo de esfuerzo, dormir hasta tarde, todo esto se encierra en una sola palabra: pereza.

Estoy esforzándome por hacer las cosas bien hechas y no

a medio camino, levantándome más temprano para aprovechar al máximo estas veinticuatro horas. Deseo decir que he mejorado en la responsabilidad que tengo con mi trabajo, en el cuidado personal, también en las relaciones interpersonales soy más amable y respetuoso. Agradezco a AA y a todos mis compañeros que a diario me enseñan cómo llevar este maravilloso programa de vida. Hasta pronto y felices veinticuatro horas de abstención y cambio en la acción.

JESÚS R.
Bogotá, Colombia

Qué alivio

CON EL CUARTO PASO PUEDE ACEPTAR
LA REALIDAD Y VIVIR TRANQUILO

Cuarto Paso: Sin miedo hicimos un minucioso inventario moral de nosotros mismos.

Hace mucho, mucho tiempo atrás, antes de llegar al programa de AA, me encontraba con un compañero de trabajo dándonos tragos en un bar de San Juan.

La persona que nos atendía desde atrás de la barra, del sexo femenino, era la persona más fea que habían visto mis ojos. Sin mentirles, parecía una gorila vestida de mujer. Después de no sé cuantos tragos, mi compañero me dijo: "Chago, creo que debemos irnos porque la persona que nos sirve se me está pareciendo a Sofía Loren, así que debo de estar borracho". Lo curioso del caso es que desde hacía rato ya a mí se me asemejaba una candidata a Miss Puerto Rico.

Posteriormente, en la práctica del Cuarto Paso de AA reflexioné sobre éste y otros incidentes, me dí cuenta de que el licor tenía en mí ciertos efectos de los que no me había percatado antes. Gracias a los efectos del alcohol yo transformaba lo feo en bello, como en el caso que les conté. También bajo los efectos de la bebida lo difícil parecía fácil, como cuando atacaba problemas eléctricos y de plomería como si supiera lo que estaba haciendo con el consabido descalabro. Con unos tragos demás la timidez se convertía en osadía: invitaba a bailar a una muchacha a quien antes no me atrevía ni a mirar, y terminaba pisándole los pies con los míos. Yo transformaba lo inaceptable en aceptable como cuando pretendía que a las tres o cuatro de la mañana mi mujer se levantara a atender a dos borrachos, a mí y a cualquier desconocido que encontraba en la barra e invitaba a la casa.

Ante la alternativa, sin embargo, de que después de la borrachera, lo feo seguía siendo feo, lo difícil seguía difícil, mi timidez era la misma, lo inaceptable y malo igual de inaceptable y malo, parecía obligatorio el enfrentar estas cosas de otra manera.

El Cuarto Paso me obligó a buscar dentro de mí aquellos defectos de carácter que me obligaban a beber, impidiendo que viera lo feo, lo difícil, mi timidez, lo inaceptable y lo malo en su justa perspectiva. El proceso de reconstrucción de mi persona a través de los Pasos, comienza precisamente con el Cuarto Paso que me pide, inicialmente, un inventario moral. Así descubro que aquellas cosas como la fealdad, las dificultades, lo inaceptable y malo de la vida, seguirán ahí, la diferencia está en que yo ya no tengo que escapar ni tampoco ocasionarlas. ¡Qué alivio! ¿Verdad?

CHAGO R.
Lomas Verdes, Puerto Rico

Nunca más navidades tristes
CREER EN UN PODER SUPERIOR LO ALEJA DEL
ALCOHOL Y DE LA DEPRESIÓN CLÍNICA

Segundo Paso: Llegamos a creer que un Poder Superior a nosotros mismos podía devolvernos el sano juicio.

Recuerdo ahora aquella Navidad en la que estuve internado en un manicomio. Faltaban pocos días para la llegada de la fiesta, me sentía lleno de rencor y odio hacia todos y todo. Durante los nueve o diez meses que estuve internado, lo único que se me venía en mente era vengarme, en mi mente sólo habían deseos de venganza y de rabia en contra del mundo.

Yo despreciaba la Navidad, esos días estaban casi siempre llenos de melancolía y soledad para mí. Y esta vez, encerrado, era peor.

Tenía en la mente el sonido trágico de la ambulancia que me trasladó para dejarme solo en aquel lugar patético. ¿Por qué estaba ahí?, ¿quién les había dicho a ellos que yo estaba loco? Conocía la respuesta, pero no quería pensar en eso, estaba recluido ahí por alcoholismo depresivo.

"¡No soy italiano!, ¡quiero hablar con el cónsul de mi país!, ¡nadie tiene el derecho de encerrarme!", exclamaba.

Un día antes de la llegada de la Navidad, un enfermero me llamó, y me dijo: "Allí esta el árbol de la Navidad y los adornos para la decoración, te harás cargo de arreglar el árbol, ¡súbete sobre la escalera y haz tu trabajo de inmediato!".

Debo decir que no me agradaba del todo estar con los otros enfermos, no sabía en qué momento ellos tendrían alguna crisis, y después los enfermeros les pondrían la camisa de fuerza encima, como hicieron conmigo la primera vez. Amarrado con la camisa de fuerza, atado de manos y pies, en la sala de otro hospital, desde donde me enviaron a San Salvi, por esto no me agradaba mirar todo aquello que sucedía a mi alrededor.

No era suficiente con cerrar los ojos, escuchaba los gritos y el ruido de los golpes, que se les daba a los más reacios.

Para no ser como los otros, me subí en la escalera y comencé a colocar los adornos navideños sobre el árbol. Mientras acomodaba los adornos me percaté que no podía mirar bien, mis ojos estaban llenos de lágrimas, me cubrí la cara, para que no me vieran los enfermeros ya que, de lo contrario, me hubiesen puesto una inyección para sedarme y tranquilizarme. Descendí de la escalera simulando un ataque de tos y así llegué a mi dormitorio. Tomé la almohada la pegué a mis labios para morderla y desatar mi llanto. Y mientras esto sucedía, mi mente siempre con la misma pregunta: "¿Dios por qué me pasa esto?, ¿Señor, por qué no puedo dejar de beber?".

No pensaba beber, esto es verdad, pero mi alma no estaba en paz, en realidad, dentro de mí se libraba una batalla en contra de todo. Regresé a terminar de arreglar el árbol de navidad, finalmente estaba todo cubierto con muchos colores y se veía hermoso dentro de aquella enorme sala para locos. Qué ironía ver las luces y la tristeza en la mirada de todos ellos. Por el frío que hacía, todas las ventanas estaban cerradas, el humo encerrado llenaba la estancia.

Un grupo de gente caminaba alrededor, otros estaban sentados, aquellos allá, se reían solos, yo era como un robot. Sentado, mirando y evitando así dejar ver mi cara, y no mostrar mi alma dañada. Entonces comencé a limpiar las mesas, éramos cien personas ahí dentro. Deseaba estar ocupado para no caer en una depresión más fuerte.

Finalmente llegó la Navidad. Era un día de visita, todos recibían a sus familiares y amigos, y casi todos habían recibido un regalo, pastas, pastel, caramelos, frutas y otras tantas cosas. Y yo, sentado en una esquina, los contemplaba, sentado, sin regalo alguno, sin un amigo, nadie estaba para mí. En aquel momento, me arrepentí de haber buscado el suicidio cortándome las venas, en estado de ebriedad.

Y así fue mi Navidad en el Hospital de San Salvi, internado en el manicomio.

Cuando me dejaron salir, el doctor me llamó para decirme: "Hoy sales, pero te recomiendo de no beber cosas fuertes, sólo una cerveza con la comida, si quieres puedes tomar una copa de vino tinto, te hace bien a la sangre". Le respondí, sí, está bien, así lo haré, como usted diga. Al salir pedí las llaves de mi casa, y me dijeron ya no tienes casa, pedí las llaves del negocio, y lo mismo, me dijeron ya no existe el negocio. Te regresas a tu país, aquí no tienes nada más que hacer, tienes un boleto de avión para que te vayas.

Había perdido todo, trabajo, casa, amigos, mi dignidad, entonces en mi país, México, volví a beber, porque "el vino era bueno para la sangre" (no deseo caer en controversia con los médicos, pero todavía no existía AA en Italia).

Decía no estar loco, y volví a beber. No estaba ya en Italia, esta vez me encontraba en verdad solo, de mi familia adoptiva no quedaba nadie, todos habían muerto. Bebía con desesperación, finalmente tiempo después, comencé a pensar en Dios.

Era la primera vez que, sin creer tanto en los milagros y sólo con un deseo, el de no beber más, me fui al Grupo "Valle de México". Entonces entendí de lo que hablaban en Alcohólicos Anónimos, sabía que era un alcohólico depresivo, pero no sabía que estaba enfermo de alcoholismo. Este hecho providencial me hizo quedarme en el grupo, y así llegué a escuchar mi primera reunión. Ahí me di cuenta de mi locura, y de la ausencia de un sano juicio. Y gracias al grupo y a mis amigos AA, comencé a dejar de beber, se inició mi recuperación.

Poco a poco, sin pensar en cuánto tiempo estaría sobrio, dejé de beber y de padecer tanta angustia, comencé a tener una vida nueva. Me familiaricé con nuestra literatura, puse en práctica los principios básicos de honestidad y sinceridad. Había creído ser muy inteligente, pero no era así, leyendo el Segundo Paso, está escrito: "Cuando hacemos conciencia en AA, el error de nuestro sentir nos fue revelado. Nos acogemos a lo que tal vez habíamos pedido a Dios cualquiera que fuera Su voluntad en nuestro bien, o mejor dicho habíamos pedido que lo que sería debía ser. Creer significa tener fe, no renegarla".

A partir de esta idea mi vida comenzó a cambiar, lentamente. Ya no soy el mismo, acepto siempre la voluntad de Dios, no tengo resentimientos ni rencores por nada, contra nadie. Gracias a los Doce Pasos, vivo más tranquilo. Estando en AA tengo más amigos, soy un "solitario", pero ya no estoy solo. Han pasado muchas navidades compartiendo con ellos.

Aprendí a dejarme guiar por mi Poder Superior, estoy en paz conmigo mismo. Puedo decir lleno de tranquilidad a todos los que están solos, les digo de todo corazón: Feliz Navidad

HÉCTOR M.
Querétaro, México

La última fiesta
EN MENOS DE UN MINUTO TODO CAMBIÓ PARA ÉL

Crecí odiando a los borrachos, llamándolos estúpidos y ridículos. Pero en la vida si uno no está despierto espiritualmente podemos caer en las garras de lo que más odiamos. Nací y crecí en Oaxaca, México. Somos diez hermanos en una familia de bajos recursos donde se sufrió mucho, especialmente el abuso físico y verbal de mi padre.

Mi padre le daba malos tratos a mi madre, los celos enfermizos de mi padre alcohólico no permitían que mi madre y mis hermanas salieran ni a la puerta. Más de una vez mi madre y mis hermanas fueron a trabajar para poner pan en la mesa y eso fue un secreto hasta hoy.

Cuando yo tenía diez años de edad, familiares de mi madre llegaron de visita, unos de la ciudad de México y otros de la ciudad de Oaxaca. Todo fue fiesta y alegría, pero en la noche regresó mi padre ahogado en alcohol y lo primero que hizo fue bajar uno de sus machetes y empezó a castigar a mi madre, sin razón alguna.

Nuestras visitas quisieron defender a mamá y la cosa se puso peor. Todos salimos corriendo de la casa para salvar nuestras vidas porque los castigos se transformaron en ataques a muerte. Esa noche dormimos en el solar de un vecino porque todos le tenían miedo a mi padre y no se atrevían a abrirnos las puertas de sus casas.

Me enamoré de una joven muy hermosa a la que le pedí que fuera mi novia y ella aceptó. Yo era un rancherito de dieciocho años de edad locamente enamorado de ella y lleno de ilusiones porque por fin le iba a demostrar al mundo lo que era tener un hogar ejemplar, lleno de amor y sin alcohol. Como no tenía nada que ofrecerle me vine a los Estados Unidos por un año con la promesa de regresar a casarme. Una vez aquí, con el sueño de edificar una buena casa y casarme con mi adorada, no me tomaba una soda para ahorrar.

Apenas habían pasado cuatro meses cuando recibí la noticia de que mi novia se había ido con otro hombre. Recuerdo que era finales del mes de julio con la temperatura en los noventa grados, pero a mí se me hizo el día más frío y gris de mi vida. Sentí que el cielo y la tierra se juntaron y me apachurraron como a un bote de aluminio vacío.

Ese día en lugar de ir al trabajo fui a un lugar donde vivían muchos borrachos. Ahí empezó mi vida de alcoholismo, empecé a ingerir toda clase de licor, a fumar y frecuentar lugares de vicio. Las emociones de alegría, los sentimientos de amor desaparecieron y fueron reemplazados por el odio y la amargura. Cuando alguien se reía yo le preguntaba de qué diablos se reía.

Desde las primeras veces que bebí, me di cuenta que el alcohol me dominaba porque varias veces amanecí lleno de sangre, algunas veces era la sangre mía y otras veces era de alguien más. Perdí varios trabajos por causa del alcohol y llegué a tener la fama de buen trabajador pero muy problemático al beber.

Por esta razón me movía de un condado a otro porque los que me conocían ya no me daban trabajo. Me quedaba dormido donde me agarraba la noche, a un lado de la carretera, de los caminos o en el jardín de una casa. A veces el vicio me dominaba tanto que me quedaba dormido en las cantinas de Tijuana, Baja California, México.

Anduve sin zapatos y sin camisa. Mis calzoncillos me los ponía porque ya era costumbre de traerlos pero tenían un parecido al chaleco de Cantinflas. Así viví tres años entre los estados de California y de Washington, según mi mente enferma, con mucha fortuna.

Manejaba un carro Cadillac, color azul cielo, sin frenos, ni reversa y con algunos billetes de dos dólares que me habían pagado en el estado de Oregón. A los pocos días me quedé sin nada. El carro me lo robaron y los billetes se fueron en alcohol.

El treinta y uno de diciembre de 1983, mientras bebíamos vino, surgió una pelea y en menos de un minuto le quité la vida a dos de mis compañeros de parranda. Un año más tarde me arrestaron y sentenciaron de por vida en una prisión del estado donde seguí ahogándome en alcohol hecho de frutas.

En 1988 tuve otra desagradable experiencia por causa del alcohol, entonces decidí dejar de tomar y de fumar. Pero esto no fue la solución a mi problema ya que la amargura y el odio seguían dentro de mí y empecé a hacer cosas aun peores que las que hacía cuando ingería vino.

En 1996, ya cansado y abatido por mi forma de vivir, alcé los ojos al cielo y le imploré a mi Poder Superior con estas palabras, "Si en algún lugar de este mundo existes, por favor ayúdame porque ya no puedo más. Estoy cansado de lastimar a la gente y de lastimarme a mí mismo".

Empecé a atender grupos de rehabilitación, entre ellos Alcohólicos Anónimos. Conseguí el libro azul y el libro de los Doce Pasos. Uno por uno empecé a poner los Doce Pasos en práctica, comparándolos con mi vida. Descubrí que el Paso Cuatro me quedaba a la medida porque yo soy un pobre individuo lleno de defectos de carácter.

Entiendo perfectamente que dejé de tomar alcohol sin la ayuda de Alcohólicos Anónimos, pero hay muchas otras áreas en mi vida que dependen por completo de este hermoso programa y si yo me olvidara de los Doce Pasos mi vida volvería a ser un desastre. Atiendo humildemente a los grupos de Alcohólicos Anónimos y comparto con mis compañeros cómo el alcohol me llevó a lo más bajo de la vida y cómo los defectos de carácter me causaron mucho dolor. Tengo veintiséis años preso. Mis padres fallecieron. Mis ilusiones de volverlos a abrazar y pedirles perdón por tanto sufrimiento que les causé se esfumaron. Mis hermanas se han alejado poco a poco y no las culpo porque yo decidí vivir esta vida de alcoholismo. Quisiera que mi mensaje alcanzara a todos aquellos que aún no han pasado por lo que yo pasé, para que no tengan que sufrir las mismas consecuencias. Agradezco enormemente a todos nuestros hermanos alcohólicos que se esfuerzan por tener sus juntas. Sigan adelante y no desmayen. Están en mis oraciones.

GAUDENCIO V. R.
San Luis Obispo, California

Paso a paso
DESPUÉS DE UNA TRÁGICA DERROTA, ENCUENTRA UNA NUEVA FORMA DE VIVIR

Nací en el estado de Guerrero, México, en el año 1953. Crecí ayudando a mis padres en una hacienda, sembrando, cosechando y cuidando animales. A la edad de catorce años comencé a tomar licor fuerte, de noventa y seis grados. Lo hice por dos razones: porque mis amigos me invitaron, ellos me decían que beber me haría hombre, y porque yo no veía el problema, tomar vino era normal y parte de la costumbre.

A esa edad, entre los catorce y dieciocho años, tomaba de vez en cuando y no me emborrachaba, como los demás. Pero al final de esa época sufrí, a causa de una novia, una decepción, y entonces bebí para emborracharme. Ahí aprendí que el alcohol me ayudaba a olvidar las penas y otros problemas más. Comencé a tomar y a emborracharme cada fin de semana.

Pronto descubrí una receta para no emborracharme como los demás y así controlar la situación, cuando alguien buscaba pelea. Durante diez años bebí sin problemas, comiendo carne de novillo, cocinada con limón, verduras y sal.

Estuve cinco años casado, y tuve dos hijas pero cuando el matrimonio se terminó, los problemas con el alcohol comenzaron. Me olvidé de mi receta y empecé a tomar más de la cuenta, mi vida estaba fuera de control. Mi problema creció y creció sin que yo buscara nunca ayuda.

Un día de marzo del año 1982, le quité la vida a una persona, ese mismo día me pusieron en prisión y fui sentenciado a quince años a vida.

Desde el primer día de mi encarcelamiento ya no volví a tomar licor. Tres años después, puse mi nombre en la lista de AA pero no había lugar, hasta que en 1990 comencé a pertenecer al grupo de Alcohólicos Anónimos.

Al principio, yo no quería aceptar que yo era alcohólico. Transcurrieron los años y gracias al estudio de los Doce Pasos, me di cuenta que yo tenía un problema con mi forma de tomar alcohol, y que esto me había llevado a quitarle la vida a una persona.

¡Hoy estoy arrepentido! Las actitudes criminales quedaron atrás, hoy aplico los Doce Pasos en mi vida con las actitudes correctas, honradez, respeto, humildad y compasión. Vivo feliz con mi sobriedad en AA.

Los Pasos uno, dos y tres, son la base para solucionar mi problema de alcoholismo. Decidí, con humildad, entrar a AA, porque me di cuenta que tenía un problema con mi forma de beber licor.

Yo sabía que solo no podía cambiar, tuve que encontrar un Poder Superior para que me ayudara a cambiar mi vida, ese fue mi Segundo Paso.

En el Tercer Paso puse mi voluntad a disposición de ese Poder, para que me ayudara con mi adicción alcohólica.

Los Pasos cuatro, cinco, seis y siete requieren de mi disciplina. Hice un examen interior y una lista de mis defectos de carácter, de mis instintos naturales retorcidos y, muy importante, de todas las personas que ofendí en el pasado. En el Quinto Paso confesé todos mis defectos de carácter, de la lista del Cuarto Paso, delante del grupo y de Dios, o mejor dicho enfrente de ustedes y Dios como testigo, para mantener mi sobriedad. Los resultados me han permitido recibir y conceder el perdón.

Aprendí que estos instintos naturales defectuosos, soberbia, avaricia, enojo, gula, intolerancia, envidia y pereza, son mis activadores interiores. Los exteriores son los lugares, la gente, y las cosas.

Aquí en estos Doce Pasos aprendo a contrarrestar mis activadores y permanecer lejos del peligro de recaer.

INOCENTE M.
Blythe, California

CAPÍTULO SEIS

LOS VETERANOS
LA VOZ DE LA EXPERIENCIA

Muchos alcohólicos creen que, cuando se acumulan muchas veinticuatro horas de sobriedad ya lo sabemos todo acerca de la enfermedad del alcoholismo. De hecho, siempre nos queda algo por aprender, pues los años de sobriedad en el programa no son una garantía de que viviremos sin problemas emocionales, sicológicos o financieros. Lo que si puede ocurrir es que, cuando somos veteranos, tenemos la capacidad para cambiar nuestras viejas conductas; entonces, podemos encontrar un Poder Superior bondadoso y amoroso.

En la historia "I love you grandpa", un veterano comparte las satisfacciones de una larga vida sobria y de cómo, aunque retirado de la vida laboral, se mantiene activo en AA. En "Ni con el son de la marimba", un alcohólico cuenta que en su trayectoria de sobriedad ha habido momentos difíciles y momentos de alegría, pero nunca la necesidad de un trago.

I love you grandpa
RETIRADO DE LA VIDA LABORAL PERO ACTIVO EN AA, DISFRUTA DE SUS BISNIETOS

Soy un alcohólico, la verdad el nombre no me importa. Lo cierto es que llegué a Alcohólicos Anónimos en octubre del año 1982 en una bancarrota total. Estaba ya casado, con tres hijas, y mi esposa embarazada de nuestro hijo.

La situación era desesperante pues mi alcoholismo me llevó a perder un pequeño patrimonio material que nos permitía vivir de una manera bastante holgada.

Estaba pagando caro las consecuencias de mi conducta, pues me encontraba sin trabajo, con muchas responsabilidades materiales que cumplir y, dada la situación, no podía hacerlo.

Tenía un amigo a quien había dejado de visitar, no me gustaba su compañía pues él ya no bebía.

Inmediatamente después que lo contacté me invitó a una junta. "¿Alcohólico, yo?", le dije, "creo que estás equivocado, si perdí mi negocio no fue realmente porque bebiera tanto". "Está bien" —me dijo mi amigo— "si quieres yo te puedo ayudar, y si no quieres, puedes seguir viviendo la vida miserable que hoy estás viviendo".

Esas palabras no me gustaron y así fue como llegué a un grupo de AA en la ciudad de El Monte, California. Fue la mejor decisión que pude tomar en mi vida, pues no sólo me he mantenido sin beber por un poco más de treinta años, sino que mi familia empezó a vivir de una forma diferente pues mi amigo, mi padrino, siempre me instó no sólo, a vivir bajo los principios de la ruta de los Doce Pasos, sino que practicara éstos en mi familia, pues ahí era el lugar donde más daño había causado.

Hoy te puedo decir que, gracias a este maravilloso programa de Doce Pasos, mi esposa y yo cumplimos cuarenta y cinco años de casados y aquellas niñas son unas señoras graduadas de la universidad y felizmente casadas. Mi hijo el "junior", como yo le digo, tiene veintinueve años y está casado.

Tengo unos hijos y nietos que son buenos ciudadanos, responsables ante la sociedad y lo mejor de todo es que ninguno de ellos bebe alcohol o fuma cigarrillos.

Mi nieto tiene veinticinco años, cuando me encuentra me levanta, me da un beso en la mejilla y me dice "I love you grandpa".

Mi nieta de veintidós años recientemente se casó y nos dio el regalo más grande que pude recibir, justo el día que cumplí treinta años en AA: el nacimiento de mi primera bisnieta. Ahora soy un hombre feliz que comparte la vida con mi esposa y con mi familia.

Claro que sigo yendo a las juntas para continuar viviendo en armonía. Acerca del servicio le hablaré en otro artículo, sin el servicio no hubiera podido mantenerme sin beber.

Tengo sesenta y seis años de edad y ya estoy retirado de la vida laboral, pero estoy siempre activo en la comunidad de AA. Especialmente en mi grupo base y en los servicios generales, compartiendo la fortaleza, la experiencia y la esperanza con todos los que deseen escucharme.

ANÓNIMO

Licor en mi ataúd

EL ORGULLO NO LE PERMITÍA VER
SUS DEFECTOS DE CARÁCTER

Me faltan solamente cinco días para celebrar mis cuarenta y nueve años de sobriedad, y cada día que pasa, estoy más agradecido por mantenerme sobrio.

Cuando llegué al programa de AA había perdido muchos de los valores que mis padres trataron de darme. En vez de amor, tenía un profundo resentimiento contra todos los seres que me rodeaban. Mi sueño más grande era ser abogado para hacer justicia y meterlos todos a prisión.

Paradójicamente, deseaba que si moría de una borrachera, pusieran en todos los espacios disponibles de mi ataúd, las botellas de licor que cupieran.

Mis primeros años en los grupos en el programa fueron muy difíciles; mi orgullo me impedía trabajar en mis defectos de carácter y poco a poco me iba hundiendo en el tabaquismo, además otros defectos fueron apareciendo, que me llevaron al borde de la locura. Mis celos habían llegado a los extremos, no encontraba paz en ningún momento, llegué a fumar un promedio de cinco cajetillas diarias, es decir, cien cigarrillos diarios.

Muchas veces sentía que no podía más y, al abordar la tribuna y descargar todo el dolor que llevaba dentro, sentía un pequeño alivio, pero éste no duraba mucho tiempo.

Y es que yo solamente había admitido que era impotente ante el alcohol, ni siquiera había analizado si era o no ingobernable. Pero un día, cuando ya había acumulado doce años de abstinencia, un compañero de la ciudad de Pacoima, California, me pidió que le ayudara en su Cuarto Paso. Después de meditar un poco, fui honesto y le dije que no podía hacerlo, porque yo, apenas había admitido que era un alcohólico.

Por vergüenza comencé a leer y practicar los Pasos, y me di cuenta que solo no podía, que tenía que buscar la ayuda de un Poder Superior. Me bauticé en una Iglesia, pero el cambio era demasiado drástico y al poco tiempo me inactivé. Me quedé estancado en el Quinto Paso.

No fue sino hasta el año 1992, que pude perdonar a todos aquellos que me habían causado algún resentimiento, pues me había perdonado a mí mismo, y para complementar, había pedido perdón a muchas de las personas que había dañado al admitir la naturaleza exacta de mis errores.

Hace once años regresé a la Iglesia, y ahora, con mucha más honradez, he podido abrir las puertas de mi corazón a un

Poder Superior como yo lo concibo. Al profundizar en el aspecto espiritual, me ha sido más fácil comprender la necesidad tan importante de practicar los Pasos porque ellos nos llevan a liberarnos de esa carga tan pesada que muchos llevamos a cuestas. El Undécimo Paso me enseñó a vivir eternamente agradecido del programa, de los compañeros que a diario nos dan sus experiencias, fortaleza y esperanza.

Ahora, cuando amanece, casi siempre tengo una pregunta a ese Poder Superior bondadoso que con su Espíritu me bendice a cada momento: ¿Qué quieres que yo haga? Y para complementar, trato de vivir este día como si fuera el último de mi vida. Llegar a cuarenta y nueve años de sobriedad no es fácil, y lo peor es que muchos creerán que cuando se acumula tanto tiempo, ya sabemos todo, pero a decir verdad, tenemos mucho que aprender.

GEORGE M.
Reseda, California

Sólo los tontos sufren
ESCAPA DEL DOLOR Y CAE

Yo tenía veintiocho años de edad cuando llegué a un grupo de AA en Guanajuato, México, era joven, pero mi apariencia era la de un hombre acabado, en ese tiempo la vida para mí no tenía sentido, a pesar de estar casado y con cuatro hijos, los días que estaba sin beber, no les encontraba sentido, me sentía como si no perteneciera a nada, como si no fuera de este mundo.

Estaba con mis hijos y me aburría fácilmente, me enojaba y en esos momentos la madre de mis hijos me decía: "Ya vas a empezar, necesitas un trago para que estés contento", y eso me enojaba más, me levantaba lleno de ira y salía a la calle, tirando la puerta, diciendo maldiciones, entonces me iba al barrio adonde estaban mis amigos de parranda, yo, justificando mi proceder, decía: "Nadie me entiende", "yo quiero vivir sin beber pero mira a mi vieja no le doy gusto, siempre que me enojo me dice: 'Ya vas a empezar, ya necesitas un trago', yo no quería beber pero ya ven por su culpa la empecé de nuevo".

Siempre fui muy orgulloso y nunca me atreví a pedir dinero en la calle, a mis amigos o desconocidos, pero robé dinero o aparatos eléctricos a mi mamá, a mi esposa y a familiares, para venderlos y seguir tomando.

La vida que les di a mi esposa e hijos fue llena de miseria tanto económica como moral y espiritual. La separación sucedió después de que tenía nueve años sin beber y dentro de AA. Yo creo que fue tanto el daño que le ocasioné a mi esposa, tanto físico como espiritual, que nunca logró perdonarme.

Yo era una persona desorientada respecto a la fe, pero fueron tan impactantes para mí los testimonios de los alcohólicos en recuperación, que en ese mismo instante mi mente y mi corazón se abrieron para crear un puente de comprensión, y decirme: "Ese soy yo", "yo quiero tener lo que tienen ellos", porque se les veía que disfrutaban de estar sin beber.

Al terminar la junta los compañeros se quedaron en el local del grupo, y yo, aunque no entendía lo que estaban platicando, me sentía como en casa, como un pez en el agua. Cuando dijeron que era hora de cerrar, me sentí triste porque no quería irme de allí.

Regresé a mi casa feliz, le dije a mi esposa: "Ahora si voy a dejar de beber", ella, volteando sin ningún interés me dijo: "Ojalá y fuera cierto", yo me molesté pero no dije nada. Normalmente golpes y maldiciones hubieran sido mi respuesta.

Al día siguiente desperté muy contento, todo lo veía diferente — hasta me fui al trabajo silbando una melodía. Al recibir mi sueldo, en lugar de dirigirme a ver a mis amigos, o al depósito para comprar cervezas, me fui a la casa.

El resultado de mi experiencia espiritual o nube rosada me duró como tres años en los cuales hice varios servicios en el grupo, después de un año de servicio yo ya conocía los Doce Pasos y las Doce Tradiciones, pero seguía en la ignorancia de la práctica.

En ese tiempo circulaba una cartulina motivadora que decía: "La literatura de AA no es una teoría, es la experiencia vivida, si no la tienes adquiérela, si la adquieres léela, si la lees vívela, y si la vives comparte tu experiencia" y eso era lo que yo motivaba, pero lo hacía sin el ejemplo.

Sería muy largo de contar todos mis fracasos que viví por no hacer caso a las sugerencias que decía esa cartulina motivadora. Pero quiero decirles que no practicar los Doce Pasos de AA me trajo por consecuencia muchos problemas físicos, emocionales y espirituales, a pesar de eso no bebí, me refugié en el servicio, y creo que eso me mantuvo seco.

Yo tenía una amante, y muchas veces cuando salía al servicio a los distritos, de regreso me iba a los centros nocturnos, no para beber, sino para ver a las damas galantes, no solamente a verlas, sino para otra cosa.

Con mis veinte años de "sobriedad" mi vida era de doble cara. En los distritos y en los grupos a donde iba a compartir como servidor, ponía mi cara de una persona llena de sobriedad, con la amante ponía mi cara de ser un conocedor del sexo, y en el hogar la de una persona llena de responsabilidades.

Le pedía a mi chaparrita que me comprendiera, ya que tenía muchos gastos, el dinero que les daba a mis hijos, dinero para ella, dinero para el servicio, pasajes y extras, como no tenía carro, tenía que viajar en autobús para asistir a los eventos. A los compañeros de AA esto les parecía extraordinario, y yo decía muy ufano, "para el servicio no existen barreras", la verdad es que era un verdadero hipócrita.

En el año 2006 estaba haciendo un servicio de tesorero en mi área. Para ese tiempo ya estaba tocando fondo, había adquirido diabetes y estaba en quiebra económica, sentimental, y familiar. Sin embargo mi Poder Superior tuvo compasión de mí, y por medio de mis hijos nos vinimos mi chaparra y yo a Dallas, Texas.

Conocí a unos compañeros que estaban haciendo reuniones de los Doce Pasos, cuando llegamos al Cuarto y Quinto Paso en el estudio, se sugirió que hiciéramos un inventario y que buscáramos un padrino para dar el Quinto Paso.

Escogí un padrino y le hablé de la amante que había dejado en México, y que la extrañaba, y que no sabía qué hacer, le dije que yo quería separarme de mi esposa porque tenía muchos problemas con ella. Yo sabía que a mi amante sólo le interesaba el dinero, y mi chaparrita al contrario ella me amaba mucho, por eso dudaba en dejarla, y aunque nuestra relación era tensa, ella me seguía correspondiendo en todo. Yo creo que nunca tuve una mujer tan linda como ella, tan llena de amor y comprensión.

Y todo eso yo lo veía, pero ese vacío que tenía antes de llegar a AA estaba allí todavía, ese sentimiento de ver la vida como un callejón sin salida, un vacío existencial tan grande que no lo llena el dinero, el poder, el prestigio, ni el sexo.

Mi padrino fue muy comprensivo, nunca me juzgó, ni él ni yo, teníamos el poder para cambiar todo lo que estaba mal en mí. Él me sugirió que buscara a mi Poder Superior y le pidiese ayuda. Pero la verdad, sentía que no me escuchaba. Ahora entiendo por qué pasaba eso: yo tenía fe, pero mantenía a mi Poder Superior fuera de mi vida. Por otro lado le pedía cambiar pero no estaba enteramente dispuesto a dejar que ese Poder Superior eliminara mis defectos de carácter.

Esto sucedía porque no dedicaba el tiempo suficiente a la oración y la meditación. Según leí en la historia de AA, los primeros miembros dedicaban buen tiempo a la oración matutina, y me supongo que también por las noches oraban.

Pero como tenía tantas cosas por hacer, en Servicios Generales, apadrinando a los recién llegados, con mi familia, en mi trabajo, con mi amante, mis diversiones, no había tiempo para conocer, escuchar y obedecer a mi Poder Superior, toda esa actividad me mantenía sin beber, pero con muchas borracheras secas.

El día de hoy estoy preso con una sentencia de veinticinco años y quiero compartirles que ahora sí tengo el suficiente tiempo para meditar en el propósito del sufrimiento. Ahora sí tengo el suficiente tiempo para la oración y meditación, para tener un contacto conciente con mi Poder Superior, como yo lo entiendo.

Tengo el suficiente tiempo para aprender por qué nuestro Poder Superior permite que vivamos tanto dolor, ya sea como consecuencias de nuestros defectos de carácter o por las circunstancias de la vida.

Pero a la mayoría de alcohólicos no nos gusta sufrir, de hecho por eso bebíamos, el alcohol para nosotros se convirtió en un escape al dolor.

Existe un dicho en los grupos de pueblo, de donde yo soy, que dice así: "Sólo los tontos sufren". Este dicho lo traía bien metido en mi mente, tanto que me impedía reconocer lo mucho que yo sufría, y todo por ser un tonto. Ahora yo contradigo este dicho con otro que dice así: "Sólo los tontos no conocen el propósito del dolor".

El propósito de los Doce Pasos es pincharle el ego al alcohólico, y eso es doloroso, pero vale la pena el dolor porque como recompensa obtendremos una sobriedad emocional, y lo más importante una madurez espiritual.

Recuerdo cómo me daba envidia cuando un compañero compartía que cada semana asistía junto con su familia a la iglesia en la que profesaba su fe, y me daba envidia porque compartía la felicidad familiar. Entonces enojado me subía a la tribuna y decía que era contra las Tradiciones compartir temas religiosos, que debería de tener consideración del recién llegado, porque, después de todo, si había felicidad en su hogar, era porque su familia lo había aceptado.

Con ese pretexto de defender los principios de AA, derramaba sobre los grupos toda mi frustración y amargura por no poder crecer espiritualmente.

Bueno, regresando a mi situación actual, quiero decirles que he aprendido la lección. El día de hoy sé que es bueno servir pero sin descuidar la oración y la meditación.

El día que me arrestaron se introdujeron varias preguntas en mi mente y en mi corazón. Una de ellas fue ¿Por qué me está pasando esto, si yo siempre fui un fiel servidor? Y cuando pasaron aproximadamente tres meses en prisión me pregunté: ¿Por qué me descuidé en mi recuperación?, ¿por qué desaproveché de tener un programa tan maravilloso, cien por ciento espiritual y no practicarlo? Las respuestas han llegado a mí poco a poco durante estos últimos dieciocho meses encerrado. Desde lo más profundo de mi ser, escucho que alguien me dice, te descuidaste por soberbio. Estas respuestas me hacen ver que yo, apartado de mi Poder Superior, no soy nada.

He aprendido, como si fuera un recién llegado a AA, que el reconocer mi impotencia ante el alcohol y ante mi vida ingobernable, aceptando una completa derrota nos permite ser libre en espíritu cada veinticuatro horas.

TONY R.
Bonham, Texas

Las satisfacciones de mi sobriedad
UN ANTIGUO SERVIDOR HACE SU INVENTARIO

Mi primera reunión de A.A. fue el cinco de febrero de 1974, tenía treinta y un años de edad y llevaba dos años de casado con Milagros, mi esposa.

Aunque nos casamos queriéndonos mucho y yo traté de proporcionarle la mayor felicidad posible para que nuestra relación perdurara por siempre, yo desconocía que soy alcohólico por lo que continué haciendo uso de bebidas alcohólicas durante esos primeros años de matrimonio, tratando de controlar mi forma de beber.

Pero como alcohólico al fin, esto no fue posible y mi matrimonio comenzó a afectarse ocasionándole severos daños a mi esposa.

Mi conducta, bajo los efectos del alcohol, era totalmente impredecible, en ocasiones reaccionaba violento, en otras servía de payaso a los demás, siendo el hazmerreír de los eventos y en otras experimentaba la borrachera llorona, donde sentía que nadie me quería, ni me comprendía.

Durante este tiempo mi esposa sufrió cuatro abortos, productos de la inestabilidad emocional y los grandes sufrimientos de que fuera objeto.

Libré muchas batallas tratando de ser un tomador social, creyendo serlo, porque fui un tomador de los fines de semana. La realidad era que una vez que me tomaba el primer trago tenía que seguir tomando sin control alguno y hasta la inconciencia.

Las amnesias alcohólicas eran cada vez más frecuentes y el arrepentimiento y la vergüenza que sentía después de cada borrachera me abrumaba constantemente. Llegué a AA con esta pesada carga sintiéndome inútil, avergonzado, incapaz de ser un buen hombre, con un gran sentido de culpabilidad por todo lo sucedido en mi matrimonio.

Con la práctica del programa me fui liberando del sentido de culpa y aceptando mi enfermedad de alcoholismo, que esta condición es incurable y que es mi responsabilidad decidir, día a día, la clase de alcohólico que quiero ser, si un alcohólico haciendo uso de bebidas alcohólicas y creándome problemas o un alcohólico sobrio y feliz tratando de vivir conforme a los principios espirituales de AA en todos los actos de mi vida.

Hasta el día de hoy, me he mantenido firme en la segunda opción, "Más por la Gracia de Dios".

Logramos formalizar nuestro matrimonio por la religión católica ya que mi matrimonio anterior fue anulado por la causa del alcoholismo.

Después de ocho años de casados y seis en AA fuimos

bendecidos con la llegada de nuestro primer hijo, se me olvidó el "Poco a Poco" y unos meses más tarde nació una niña. Cuatro años más tarde, cuando creíamos que habíamos completado la cuota de hijos, "el Poder Superior" nos obsequió con la llegada de otra hija.

Mis compañeros de grupo y área me han dado la oportunidad de llevar a cabo tareas de servicios en mi grupo base, en el distrito, en el área y como delegado de área en la Conferencia de Servicios Generales en Nueva York en el 1982.

He recibido grandes satisfacciones al apadrinar a varios miembros, disfrutar junto a ellos de su recuperación y fortalecer mi sobriedad en el proceso.

He podido experimentar, después de una catástrofe financiera, la manifestación de un Poder Superior, bondadoso y amoroso, en mi vida, que me ha permitido sentirme feliz y en paz conmigo mismo a pesar de las limitaciones económicas en los últimos seis años.

En noviembre de este año, mi esposa y yo cumpliremos cuarenta años felizmente casados. Nos reuniremos toda la familia en la residencia de nuestra hija en St Louis, Missouri. Este evento promete ser maravilloso para el fortalecimiento de nuestra unidad familiar.

Por todas estas bendiciones y muchas más que he alcanzado en mi camino de sobriedad es que vivo eternamente agradecido a Dios y a AA que me hace sentir que yo soy responsable.

LUIS RAÚL H.
Arecibo, Puerto Rico

Ni con el son de la marimba
DESPUÉS DE VARIAS DÉCADAS SOBRIO, NO LOGRA
EXPLICARSE CÓMO LLEGÓ AL GRUPO

Nací y crecí en una pequeña población del oriente de El Salvador, en 1944. Fuimos cuatro hermanos, en un hogar donde siempre hubo respeto y preocupación porque todos recibiéramos una adecuada preparación para enfrentar el futuro. Nunca escuché discusión entre mis padres. Sin embargo, cuando mejor me desarrollaba en mis estudios de secundaria, inexplicablemente los abandoné. Ese fue un duro golpe para mis abnegados padres.

A la edad de catorce años, siendo aún estudiante, hice contacto con el alcohol por primera vez, el amigo que me lo ofreció tuvo que quitarme la botella de licor de mi boca. Así de ingenuo, y de torpe, fui desde esa primera vez, por suerte ese amigo hoy es un miembro más en recuperación. Fue maravilloso sentirme liberado y gozar a plenitud de la principal fiesta del pueblo.

A mis dieciocho años de edad, tomar una o dos copas de licor todos los días antes de la cena era una necesidad para mí. Trabajaba entonces manejando camiones de carga, en una hacienda grande donde se producía café. Todavía era responsable, lo único que hacía en horas laborales era proveerme de licor para mi tiempo libre, ya que mi centro de trabajo era en el campo lejos de la ciudad.

Aprovechaba los viajes de trabajo para comprar mi bebida. En una ocasión ocurrió algo dramático: por una semana entera no me tocó viajar a la ciudad y mi reserva de licor se agotó. Tuve que ingeniármelas para robar alcohol de la caja de primeros auxilios y mezclarlo con soda y café, así logré saciar mi insidia alcohólica.

Manejando un autobús de una prestigiosa empresa tuve que realizar una excursión de San Salvador a la ciudad capital de Guatemala. Era un acontecimiento muy especial de Alcohólicos Anónimos en Guatemala, porque habían al menos ochenta autobuses llenos a su capacidad, que viajaron de San Salvador a Guatemala en esa fecha.

Me impresionó el comportamiento de todos los pasajeros durante el viaje. Llegamos a las cuatro y media de la mañana y a esa hora fuimos recibidos muy cordialmente por los Alcohólicos Anónimos de Guatemala, con música de marimba en vivo y comidas típicas.

Ese viaje duró tres días, para entonces mi problema con la bebida no se había agudizado, pero mi ignorancia no me permitió, ni siquiera por curiosidad, preguntarle a mi guía en esa excursión cuál era el motivo del evento. De haberlo hecho, eso me hubiera permitido recibir el mensaje de Alcohólicos Anónimos, ahora entiendo que no era mi turno, que necesitaba tocar fondo en mi alcoholismo.

Un año después y con el apoyo de mi padre, logré adquirir mi propio autobús de pasajeros, según él tendría mi trabajo cerca y seguro. Era una intención muy noble de su parte, desafortunadamente, el hecho de trabajar por mi cuenta, de no tener un patrón a quien respetar, hizo que la enfermedad alcohólica progresara en mí.

Descubrí que el malestar a la mañana siguiente después de una borrachera se quitaba con un trago, el clásico "un clavo saca otro clavo". En muy poco tiempo me vi obligado a tomar una copa grande de licor para calmar esos terribles vómitos, tranquilizar mis temblores persistentes y poder dirigirme al trabajo. Querer calmar esos malestares, era quizás necesario, lo anormal, lo trágico era que esa copa la tenía que ingerir a las cinco de la mañana y eso sucedía muy frecuentemente.

Un amigo ex compañero de bebetoria, en un par de ocasiones trató de hablarme de Alcohólicos Anónimos, como desconocía de qué se trataba, me sentía ofendido y lo insultaba.

Me era imposible ver la realidad de mi situación. Mi rutina diaria incluía beber después de terminar mis labores a las cinco y media de la tarde. Muchas horas después regresaba a mi hogar sin recordar cómo lo había hecho.

Un día de octubre del año 1972, por desperfectos en mi automóvil tuve que quedarme en la pequeña población donde comenzaba y terminaba mis labores.

En esa época era habitual, durante las noches, encontrarme borracho. Sólo sentía la necesidad de cortar la bebida durante mis crudas o resacas. Jamás tuve la idea de visitar a los Alcohólicos Anónimos y mucho menos convertirme en un miembro de ellos.

Aunque han transcurrido varias décadas, no logro explicarme cómo, pero de pronto esa noche de octubre me encontré en una reunión junto a un puñado de hombres que estaban iniciando el primer grupo de AA en esa zona, el grupo Lolotique, que está próximo a cumplir treinta y nueve años de su fundación.

A la mañana siguiente solamente tenía recuerdos borrosos de que había estado con los Alcohólicos Anónimos y quizás por vergüenza conmigo mismo, decidí volver a visitarlos durante la noche, lo hice y por primera vez en muchos años logré pasar un día sin tomar alcohol. Esas fueron mis primeras veinticuatro horas que marcaban el inicio de mi nueva manera de vivir.

Han transcurrido treinta y ocho años y medio desde esa oportunidad, que sin pensarlo llegué borracho a una reunión de Alcohólicos Anónimos.

Me considero afortunado porque desde mis inicios logré aceptar sin reservas mi derrota ante el alcohol y precisamente sigo aceptando a diario esa derrota, solamente así puedo mantenerme alejado de esa primera copa. Estoy seguro que gracias a la aceptación del Primer Paso e ir practicando el resto de nuestro programa de recuperación, mi obsesión alcohólica ha desaparecido.

He tenido momentos difíciles como la pérdida de mis padres, también situaciones de júbilo como las graduaciones de mis hijas, y gracias a nuestro programa, no he deseado en lo más mínimo recurrir de nuevo al alcohol.

Hoy por obra del destino, vivo en el estado de Carolina del Norte, llegué aquí en el año 1991, para entonces no existían en esta zona grupos AA en español, hoy día existen varios grupos hispanos en casi todas las ciudades. Tengo la suerte de contar con el apoyo de mi esposa, mis hijas y de los compañeros de mi grupo base "Sanford 21 de Octubre" de esta ciudad.

Les quedo eternamente agradecido por leer mi historia, la cual he resumido grandemente. Un atento saludo a todos mis compañeros en Alcohólicos Anónimos de todo el mundo. Les deseo muchas veinticuatro horas de sobriedad y sigamos adelante.

RENÉ M.
Sanford, North Carolina

Golpeando puertas
NUNCA IMAGINÓ QUE EL MUCHACHO ALCOHÓLICO SERÍA EL AA DE HOY

Mi nombre es Juan y soy alcohólico, crecí en la ciudad de Irapuato, México. En mi niñez vi el alcoholismo en mi padre y mis hermanos. Al crecer en una familia con problemas de alcoholismo yo estaba seguro que nunca probaría el alcohol. Pero probar el alcohol fue una idea que vino a mi mente a la edad de quince años.

Al terminar la escuela secundaria decidimos tomarnos una cerveza después de clases y no pasó nada. Al año siguiente volví a tomar otros tragos y esta vez fue diferente. Como me sentí muy bien lo continué haciendo con más frecuencia porque se me quitaba el miedo, la timidez y la inseguridad.

En aquel tiempo me juntaba con unos amigos con quienes salíamos a beber a otro barrio. Allí había un grupo de AA.

Con el fin de molestar a los que estaban dentro del local nos acercábamos y les golpeábamos la puerta. Nunca imaginé que en un futuro yo sería un veterano y ex delegado a la Conferencia de Servicios Generales.

Unos años más tarde me mudé para California pensando que en otro país dejaría de beber, pero no hubo ningún cambio. Entonces me compré un auto.

Tomaba y manejaba y el veintidós de noviembre de 1988 la policía me sorprendió manejando bajo la influencia del alcohol. Me llevaron a la corte y el juez me dio la oportunidad de asistir a seis reuniones. Yo estaba muy molesto porque no podía aceptar mi problema. Terminé mis seis reuniones y pensé que no los necesitaba.

En agosto de 1989, después de beber durante dos días consecutivos, me sentí muy mal. Recordé que había un grupo donde me podían ayudar. Asistí a la reunión y puse mucha atención y obtuve una fuerza tremenda para decirle no a ese primer trago.

Me sentía bien pero no quería hacer nada de servicio y me di cuenta que algunos compañeros que no se involucraban en el servicio volvían a beber y yo no quería volver a lo mismo. Entonces me decidí a participar en el servicio de la Convención Nacional Hispana de los Estados Unidos y Canadá por varios años. Después hice servicio en la Oficina Central Hispana y finalmente en los servicios generales, empezando como RLV (representante de La Viña) de mi grupo y nunca pensé que servir como RLV me llevaría llegar a ser delegado a la Conferencia de Servicios Generales en el panel 63, en Nueva York.

Mi responsabilidad como veterano en mi grupo base es compartir la importancia de la recuperación, la unidad y el servicio. Siempre estar disponible cuando cualquier compañero me pregunte por alguna información relacionada con nuestros tres legados, sin importar a veces los problemas personales.

Ayudar a otros me ha ayudado a sentirme útil y a relajarme. El ayudar a otros siempre trae la recompensa de sentirse espiritualmente conectado.

J.M.
Upland, California

Es como nacer de nuevo
UNA ALCOHÓLICA DE ALCOBA CUENTA CÓMO EMPEZÓ A
BEBER A LOS TREINTA AÑOS

Soy Rosa L., una enferma alcohólica en recuperación. Siempre lo expreso así porque sé que no estoy curada, que bastaría con ingerir una gota de alcohol para volver al estado de alcohólica activa. Llegué a AA un cuatro de julio de 1983, fecha en que mi hermano, que también está en la asociación, cumplía años. Lo hice por propia iniciativa, porque había comprendido que el alcohol me hacía daño, porque quería dejar de beber, porque sentía vergüenza, porque mi vida se había vuelto un caos y porque mis gemelas adoradas ("bendición del cielo" como me dijeron cuando nacieron) habían comenzado a llamarme borracha.

Era una alcohólica de alcoba y mi carrera comenzó cuando quedé viuda, a los treinta años, con tres hijos: un varón de nueve años y las gemelas de dos. Mi esposo falleció a causa del alcohol y tuvo seis episodios de delirium tremens; el ultimo le produjo la muerte a los treinta y cinco años. Por mi convivencia con un alcohólico agresivo y golpeador me había convertido en una mujer miedosa, sin carácter y sumisa, que no sabía actuar frente a la vida. Ahí empieza mi incursión en el alcohol, ya que a pesar de ser una profesional (docente), no tenía poder de decisión ni coraje para resolver las situaciones cotidianas. Esta forma de beber fue empeorando a medida que transcurría el tiempo. Comencé a llenarme de resentimientos hacia mi familia, por considerar que se alejaban de mí por temor a tener que ayudarme; hacia los hombres, por creerlos unos irrespetuosos y aprovechadores, que se acercaban sólo para ver si lograban algo de esa viuda joven y atractiva; y por otros innumerables motivos, que me hacían recurrir cada vez al alcohol.

Pasaron varios años en los que llegué a deteriorarme físicamente en gran magnitud: no comía nada, mis manos temblaban continuamente, tenía diarreas y vómitos, pero nada de eso hacía que dejara de beber.

Estaba tan mal que en el trabajo no sabía cómo ocultar mi malestar. Escondía las manos, decía que sufría del hígado, mentía respecto a mis malestares, hasta que un día, en un acto escolar, temblaban tanto mis manos y todo mi cuerpo, que un compañero me dijo: "Eso es síntoma de alcoholismo". Comencé a pensar que debía dejar de beber, pero no sabía cómo hacerlo. Intentaba pero no podía, prometía a mis hijos que no iba a tomar más, hasta que un día, después de una discusión con una de las gemelas, decidí recurrir a AA.

A partir de ese día todo cambió, es como nacer de nuevo. A pesar de que me dio trabajo, logré parar la ingesta de alcohol y comencé a transitar un camino distinto. Aprendo a conocerme, a mirarme hacia adentro. La práctica de los maravillosos Doce Pasos y la concurrencia permanente a los grupos, me convierten en una persona distinta. Hoy puedo decir que con AA adquirí una paz interior que nunca pensé que existiera. Logré el respeto de mis hijos, comprobé que son maravillosos, que son lo mejor que Dios me dio, junto con AA. Disfruto del cariño de mis trece nietos y de mis nueve bisnietos, y a los sesenta y nueve años tengo una felicidad con mayúsculas, gracias a AA y a mi Poder Superior, que ilumina mi camino. Sé que estoy en AA porque Dios me precisaba ahí para ayudar a todo aquel que sufre la enfermedad que yo tengo, porque sólo siendo una de ellos, puedo brindar este mensaje de amor, fe y esperanza.

ROSA L.
Villa María, Córdoba, Argentina

¿Diagnóstico equivocado?
DESPUÉS DE MUCHAS VEINTICUATRO HORAS,
SU PROGRAMA SIGUE SIENDO UN DÍA A LA VEZ

Algunos de los miembros de AA no alcanzamos a reconocer todas las bendiciones que Dios, en su infinita bondad, nos ha concedido antes y después de llegar a AA. Digo esto por mi propia experiencia y por lo que he escuchado de muchos cientos de compañeros y compañeras de AA, en diferentes grupos de Centroamérica, México, Estados Unidos y parte del Canadá, en donde he tenido la dicha de compartir y de escuchar una gran variedad de historias.

Algunas de esas historias son muy parecidas a las mías. Nací en 1945, en un lugar muy apartado de la civilización, la finca "El cerro verde", del municipio de Palencia, Guatemala. No tuve la oportunidad de ir a la escuela, ni siquiera a la primaria. Aprendí a leer y a escribir cuando ya era mayor de edad, preguntando a mis amigos que sí sabían, es por eso que tengo muchas faltas de ortografías. Pero creo que aun así he sido bendecido desde mucho antes de llegar al programa de Alcohólicos Anónimos.

Un día de junio de 1952, cuando apenas tenía siete años de edad cumplidos, probé por primera vez el vino. Ese día me emborraché, me robé mi primera botella de vino, le mentí a mis padres, y puse en peligro mi vida a consecuencia de la bebida. Lo peor fue que yo no pude visualizar lo malo que esto representaba para mi futuro, al contrario, me gustó el efecto que me produjo el beber vino.

Me puse a trabajar en el campo, ganaba sesenta centavos de quetzal por semana, y me alcanzaba para darle veinte centavos a mamá, comprarme una botella de vino que costaba treinta y cinco centavos y cinco centavos de jocotes para disfrutar de la bebida. Empecé a emborracharme cada fin de semana, y se estableció una lucha entre mamá y yo. Mamá quería someterme a su disciplina y yo, me resistía.

Esa fue la razón por la que, a los nueve años de edad, me

fui de mi casa. Me terminé de criar en las calles, conviviendo con toda clase de alimañas. Ahora que estoy en AA sé que durante todos esos casi veintitrés años mi vida estuvo constantemente en peligro.

A los diez años de edad caí en una correccional para menores. De ahí en adelante infinidad de veces estuve en cárceles, granjas y hospitales. Nunca medité sobre las consecuencias de mis actos, ni los peligros que corría. Mi vida, era beber, beber, y beber, y hacer lo que fuera necesario para conseguir dinero para comprar alcohol.

Al principio era alcohol patentizado, pero ya al final, compraba alcohol puro. En una de esas borracheras caí en un barranco y me fracturé la columna, fue la primera vez que los médicos me desahuciaron. Dijeron que yo ya no podría caminar nunca más, ni sentarme. Entonces recurrí a ese Dios, a quien nunca había aceptado y que más bien rechazaba. Le pedí que me permitiera siquiera sentarme por mí mismo y que nunca más volvería a tomar bebidas alcohólicas.

En ese entonces se me hizo más fácil pensar que los médicos no sabían lo que estaban haciendo y que posiblemente me habían dado un diagnóstico equivocado.

Tiempo después, al llegar a AA y poner en práctica los Pasos, me di cuenta, de que el único que siempre estuvo equivocado, era yo.

Dios siempre estuvo cuidándome, tan grande es su amor, que me guió al puerto seguro que es Alcohólicos Anónimos. Y una vez dentro de esta comunidad de AA pude ingresar a este país, sano y salvo después de haber atravesado el desierto de San Luís y el Río Colorado, perdido y creyéndome prácticamente muerto.

Al poco tiempo de estar aquí, estuve muy enfermo, pero para ese entonces yo ya tenía un conocimiento del programa y la fe necesaria para confiar en Dios. Pude traer a mi familia y sacar a mis hijos adelante. Y aunque no alcanzo a entender en su totalidad cuál es el propósito de Dios para conmigo, sé que hay una razón para dejarme vivir.

Seguí las instrucciones y me recuperé. El tiempo ha transcurrido, mis hijos han crecido y han formado sus propias familias, son más prósperos que yo y no tienen vicios, al menos que yo sepa. Uno de ellos quiso experimentar por sí mismo, pero sólo fue por un período muy corto de tiempo, creo que no fue ni un año completo, se metió en problemas con la ley, y hoy ya tiene más de siete años de sobriedad siguiendo el programa de AA.

Hoy me limito a disfrutar a mi manera cada día que se me regala, un día a la vez. Mis oraciones más frecuentes se basan en pedirle que me deje conocer su voluntad para conmigo, y que me conceda la sabiduría, la inteligencia, y la fortaleza necesaria para aceptarla y cumplirla.

Sigo disfrutando mi asistencia a las reuniones, sirviendo en cualquier capacidad y leyendo la literatura. La actividad que más disfruto son las visitas a las instituciones correccionales.

Me gusta planificar metas de lectura personal, por mes, y por año, y así he logrado leer casi todos los libros principales de AA. De pasta a pasta, del cinco de junio al primero de julio, leí el libro De las tinieblas a la luz, y cada vez que hago esto, siento que mi espíritu se eleva un poquito más.

Creo que lo que más me ayuda en mi sobriedad es ser un miembro activo de AA, no un miembro de silla. Creo que Alcohólicos Anónimos existe para todo aquel que lo necesita y quiera hacer buen uso de él. Un saludo para todo el personal que labora en La Viña.

LALO
San Antonio, Texas

LOS DOCE PASOS

1. Admitimos que éramos impotentes ante el alcohol, que nuestras vidas se habían vuelto ingobernables.

2. Llegamos a creer que un Poder superior a nosotros mismos podría devolvernos el sano juicio.

3. Decidimos poner nuestras voluntades y nuestras vidas al cuidado de Dios, como nosotros lo concebimos.

4. Sin temor hicimos un minucioso inventario moral de nosotros mismos.

5. Admitimos ante Dios, ante nosotros mismos y ante otro ser humano, la naturaleza exacta de nuestros defectos.

6. Estuvimos enteramente dispuestos a dejar que Dios nos liberase de nuestros defectos.

7. Humildemente le pedimos que nos liberase de nuestros defectos.

8. Hicimos una lista de todas aquellas personas a quienes habíamos ofendido y estuvimos dispuestos a reparar el daño que les causamos.

9. Reparamos directamente a cuantos nos fue posible el daño causado, excepto cuando el hacerlo implicaba perjuicio para ellos o para otros.

10. Continuamos haciendo nuestro inventario personal y cuando nos equivocábamos lo admitíamos inmediatamente.

11. Buscamos a través de la oración y la meditación mejorar nuestro contacto consciente con Dios, como nosotros lo concebimos, pidiéndole solamente que nos dejase conocer su voluntad para con nosotros y nos diese la fortaleza para cumplirla.

12. Habiendo obtenido un despertar espiritual como resultado de estos Pasos, tratamos de llevar el mensaje a los alcohólicos y de practicar estos principios en todos nuestros asuntos.

LAS DOCE TRADICIONES

1. Nuestro bienestar común debe tener la preferencia; la recuperación personal depende de la unidad de AA.

2. Para el propósito de nuestro grupo sólo existe una autoridad fundamental: un Dios amoroso tal como se exprese en la conciencia de nuestro grupo. Nuestros líderes no son más que servidores de confianza; no gobiernan.

3. El único requisito para ser miembro de AA es querer dejar de beber.

4. Cada grupo debe ser autónomo, excepto en asuntos que afecten a otros grupos o a AA, considerado como un todo.

5. Cada grupo tiene un solo objetivo primordial: llevar el mensaje al alcohólico que aún está sufriendo.

6. Un grupo de AA nunca debe respaldar, financiar o prestar el nombre de AA a ninguna entidad allegada o empresa ajena, para evitar que los problemas de dinero, propiedad y prestigio nos desvíen de nuestro objetivo primordial.

7. Todo grupo de AA debe mantenerse completamente a sí mismo, negándose a recibir contribuciones ajenas.

8. AA nunca tendrá carácter profesional, pero nuestros centros de servicio pueden emplear trabajadores especiales.

9. AA como tal nunca debe ser organizada; pero podemos crear juntas o comités de servicio que sean directamente responsables ante aquellos a quienes sirven.

10. AA no tiene opinión acerca de asuntos ajenos a sus actividades; por consiguiente, su nombre nunca debe mezclarse en polémicas públicas.

11. Nuestra política de relaciones públicas se basa más bien en la atracción que en la promoción; necesitamos mantener siempre nuestro anonimato personal ante la prensa, la radio y el cine.

12. El anonimato es la base espiritual de todas nuestras Tradiciones, recordándonos siempre anteponer los principios a las personalidades.

LA VIÑA Y GRAPEVINE

Grapevine es la revista mensual internacional de AA que se ha publicado continuamente desde su primer número en junio de 1944. El panfleto de AA sobre Grapevine describe su alcance y su finalidad de la siguiente manera: "Como parte integrante de Alcohólicos Anónimos desde 1944, la revista Grapevine publica artículos que reflejan la amplia diversidad de la experiencia e ideas que hay dentro de la Comunidad de AA, y así también lo hace La Viña, la revista bimensual en español, publicada por primera vez en 1996. En sus páginas, no hay punto de vista o filosofía dominante, y, al seleccionar el contenido, la redacción se basa en los principios de las Doce Tradiciones".

Además de revistas, AA Grapevine, Inc., produce una applicacion, libros, libros electrónicos, audiolibros y otros artículos. También ofrece una suscripción a Grapevine Online (en inglés)que incluye: entre ocho y diez historias nuevas cada mes, AudioGrapevine (la versión en audio de la revista), el archivo de historias de Grapevine (la colección completa de artículos de Grapevine), así como una edición de Grapevine y La Viña en formato HTML. Si desea obtener más información sobre Grapevine y La Viña, o suscribirse a alguna de las opciones mencionadas, visite las páginas web de las revistas en aagrapevine.org/español o aagrapevine.org o escriba a:

AA Grapevine, Inc.
475 Riverside Drive
New York, NY 10115
USA

ALCOHÓLICOS ANÓNIMOS

El programa de recuperación de AA se basa por completo en este texto básico, *Alcohólicos Anónimos* (también conocido comúnmente como el Libro Grande), ahora en su cuarta edición, así como en libros *Los Doce Pasos y Doce Tradiciones* y *Viviendo sobrio*, entre otros. También es posible encontrar información sobre AA en la página web de AA en aa.org, o escribiendo a
Alcoholics Anonymous
Box 459, Grand Central Station
New York, NY 10163, USA
Si desea encontrar recursos en su localidad, consulte la guía telefónica local bajo "Alcohólicos Anónimos". También puede obtener a través de AA los cuatro panfletos siguientes "Esto es AA", "¿Es AA para usted?", "44 preguntas" y "Un principiante pregunta".